鉄道の食事の歴史物語

蒸気機関車、オリエント急行から新幹線まで

ジェリ・クィンジオ　大槻敦子 訳

FOOD *on the* RAILS

The GOLDEN ERA *of* RAILROAD DINING

JERI QUINZIO

原書房

鉄道の食事の歴史物語

蒸気機関車、オリエント急行から新幹線まで

いつも可能性を見いだしてくれた母、メアリー・マホニー・クィンジオへ

目次

まえがき『旅の食事』シリーズに寄せて

嘆く声を耳にすることがどれほどあるだろう。「きちんと座って食事をする人がいなくなってしまった。だれもが歩きながら、あるいはドライブスルーで手軽に済ませる。そんなものはちゃんとした食事ではない。移動中のただの間食だ」。移動中に食べるのは現代人だけではない。昔からずっと屋台やファストフードがあった。人々は乗り換えのときに必ず何か食べていた。そうした食事は便利で手軽だけれどもおいしくないとされ、旅の途中で食べることのできるさまざまな食べものは偏見の目で見られている。それでも、ときにそうした食事がとびきり上等なこともある。西アジアの大草原をのんびりと移動するキャラバン隊がラクダをとめて、ドライフルーツ、ナッツ、平たいパン、焼きたてのケバブの豪華な食事のためにテントを広げるところを想像してみよう。あるいは、飛行機の旅がまだ始まったばかりの黄金時代、航空各社が、たとえ座席のテーブルに収まるサイズであっても、特別にデザインされた食器で、腕の確かな料理人の手による豪華な食事を出していたことを思えばよい。19世紀の鉄道で振る舞われた食事は当時最高と賛美されたほどであり、豪華客船はむろん、すばらしい食事をかけがえのない体験のひとつとうたい上げる。キッチンカーが歩行者に提供するおいしい食べものは今や流行の最先端だ。

けれども、旅の食事は必ずしも豪華とはかぎらない。ときに、ハイキングのための栄養補給食品や、大草原をゆく、おそれを知らぬハンターを支える高タンパク携帯食品のように、生命の維持さえできればよいこともある。また、戦時中の缶詰の配給食や、植民地時代の船員に与えられた堅パンとラム酒のように、粗悪だったこともある。それはまるで、旅の手段に合わせて、それがなければ完結しない食のレパートリーがあるかのようだ。ジャンクフードやお菓子を食べない車の旅があるだろうか？　飛行機の国内便でナッツの小袋が出ないと寂しくないか？　旅の食事には、準備と消費のいずれにおいても、その旅ならではの壁が立ちはだかる。考えてもみよう。木製の船で火をたくのだ。あるいは、線路上で激しく揺れる列車のなかでオムレツをひっくり返さなければならない。手で持てる食べものは旅の食事の典型である。ひょっとすると将来はみなそうなるのだろうか。古くはワインを入れる革袋から、アルミの水筒、ペットボトルはもちろん、特殊発泡スチロール容器と先割れスプーンも移動には欠かせない。旅の食事にはそれなりのエチケットもある。ダイニングテーブルよりは緩やかで、おもしろいことに人や場所によって大きく異なる。もしかすると人の目を意識して、あえて変えているのかもしれない。

最初にこのシリーズを思い立ったとき、旅に特化した食べものがどれくらいあるのか、列車、飛行機、車、自転車、馬の背で食べる食事がどれほど多種多様で、各文化に根づいているかをまったく考えていなかったように思う。イタリアのローマからオーストリアのチロルアルプスまで乗った長い列車の旅はわたしにとって忘れられない体験となった。向かい側に腰かけた若い家族は準備万端だった。彼らはサラミ、パン、チーズ、ワインを取り出し、ぼろぼろとこぼしながら、大胆に身振り手振りを交えて、イタリア語のおしゃべりを繰り広げた。何もかもがおいしそうで、家族はひと口ずつじっくり味わっていた。ドイツ語圏に近づくと、家族は辺りをきれいに片づけて、身だしなみを整え、言語を切り替えた。イタリア風の食事風景は跡形もなく消え去ってしまった。思うに、もし列車が北部に入ってもそのままだったら、家族の行動はまったく場ちがいだっただろう。つまり、人々にはひと目でそれとわかる旅の食の伝統があり、それはほかの食習慣と同じように国、階級、性別、性格と結びついているのである。したがって、そろそろそうした食事を独立したジャンルと考えてもよいころ合いだろう。このシリーズによって、なぜ旅をしながら特定のものを食べるのかについての理解が深まることを願う。

パシフィック大学　ケン・アルバーラ

謝辞

ひとりで本を書くことはできない。

友人や知人は、関連のあるニュースを切り抜き、本を勧め、個人の体験を語ってくれた。彼らのアイデアが新しい調査のヒントになり、誤りを正し、よりよい作品につながった。彼らの多くは自分がこの本に貢献したことに気づいていないだろう。何気なく意見を述べてそのまま忘れているかもしれない。けれどもその一言が新たな思考の道を切り開く。著者にとっては大きな差だ。写真やレシピを用意し、下書きを読み、ミスを訂正し、変更を提案するという、より直接的な役割を担った人々もいる。たとえ意見が異なっても、批判はつねに役に立つ。ありがとう。

本書の名づけ親は、このプロジェクトをわたしに勧めたカイリ・クラフリンである。カイリの知恵、励まし、支援は何年にもわたってわたしの力の源となってきた。彼女には特別な感謝の意を表したい。

シリーズの編者ケン・アルバーラ。食べもの、歴史、人生に対する彼の無限の熱意があったからこそ仕事が楽しめた。

トーマス・ライアン修道士。彼が持つ、広範囲にわたる列車の知識のおかげで、わたしは脱線することなく軌道に乗ることができた。彼と引き合わせてくれたパット・ケリーにも感謝したい。

お母さまのものだったプルマン列車のおもちゃを思い出してくださったロズ・カミンズと、その写真を撮影した彼女の友人シャーロット・ホルトにも御礼申し上げる。ほかにも多くの方が写真を提供してくださった。ここに記して謝したい。トーマス・クックUK・アイルランドのアーカイブ管理者ポール・スミス、パリのル・トラン・ブルーのカリーヌ・コルシア、フローレンス歴史協会ハーヴィー・ハウス博物館のフィービー・ジャンセン、ドーヴァー・ブックスのジョアン・シュウェンデマン、ミズーリ州立大学のアン・M・ベイカーとシャノン・マウィニー、ストラスバーグ鉄道のステイシー・ボリンジャー、ヴェニス・シンプロン・オリエント急行のアマンダ・キャスキー、そしてカイリ・クラフリン。

親切にレシピを提供してくださったカリフォルニアレーズン・マーケティング委員会のリンダ・ストラドリー、パトリシア・ケリー、ジル・オコナー、エリカ・パゲット。

マリレーヌ・アルティエリ、ポーラ・ベッカー、ダニエル・ブルク、ジョー・カーリン、ダン・コールマン、パトリシア・フラハティ、マルク・フラッタシオ、パトリシア・ビクスラー・リーバー、リン・シュウィーカート、ナンシー・スタッツマン、バーバラ・ケッチャム・ホイートンには、取り組みのあちらこちらでお世話になった。

いつもながら、わたしが主催しているライターのためのワークショップのメンバー、マーナ・ケイ、ロバータ・レヴィトン、バーバラ・メンデ、シャーリー・モスコー、ローズ・イエスの手助けなしには、本書を書き上げることはできなかった。

最後に、ロウマン・リトルフィールドの編集者スザンヌ・スタザク＝シルヴァならびに編集補佐のキャスリン・クニッゲの多大なる支援に感謝したい。

序章

1820年代、最初の蒸気機関車がイギリスで誕生して、鉄道による旅客輸送の時代が幕を開けると、世界は一変した。人々は初めて馬よりも速い乗りもので移動できるようになった。それまで数週間かかっていた旅が数日になった。かつて数日だった旅は数時間ですむようになった。それから数年で、鉄道は旅だけでなく、ビジネス、通信、食品の物流、食事のしかた、社会の慣習をがらりと変えることになった。

ただし、当時の鉄道の旅はたいへんだった。乗り心地が悪いくらいですめばまだましだ。食べるものはほとんど、あるいはまったくなく、トイレもなかった。また、場所によっては命がけだった。ずさんに敷かれた線路は脱線を招いた。線路上の人、動物、木の枝が事故につながった。エンジンから飛び散る火花で火災が発生した。時差のある地域同士で連携が取れていなかったために、運行時間が大混乱に陥って予期せぬ事態が生じた。

鉄道を建設する人々は当初、客の乗り心地や食事、また安全のことなど考えていなかった。彼らの頭のなかは機関車と線路のレール幅を合わせることでいっぱいだった。彼らが運ぼうとしていたのは貨物であって、人ではない。貨物は食事も乗り心地のよい座席も必要なく、文句もいわない。

多くの困難にもかかわらず、旅客サービスが始まったとき、ほとんどの人は鉄道のスピードと利便性に驚き、感心した。人々は煙とすすのなかにぞくぞくするような新たな可能性を見いだした。それでも、革新的なテクノロジーにはよくあるように、だれもが熱狂したわけではない。ローマ教皇グレゴリウス16世（在位1831〜1846）は、悪魔の仕業だと述べて鉄道に反対した。彼はフランスからの訪問者に向かって、鉄道は「シェマン・ド・フェール」ではなく「シェマン・ダンフェール」、つまり鉄の道ではなく地獄への道だと語っている。[1]

そこまで批判的ではないけれども一般的な意見としては、旅の時間があまりに短縮されてしまったために、たとえば都会から地方へ赴くときに気持ちの切り替えがうまくいかないという声が上がった。列車があまりに速いため、景色を楽しむことができないと不満を述べる人もいた。フランスの評論家で作家のジュール・ジャナンは1843年に、ヴェルサイユへの列車には二度と乗らないと書いている。「走り始めたと思ったらもう着いている！　道中を楽しめないなら出かける意味がないではないか」[2]

初めのうちは乗車時間が短く、食事がなくても大丈夫だった。けれども次々に新しい路線ができて距離が伸びると、食事が問題になった。鉄道会社がとった解決策のひとつは、駅に休憩所を作ることだった。蒸気機関車はおよそ数百キロごとに止まって水を補給する必要があるため、それがもっとも合理的に思われたのである。鉄道会社が休憩所を運営している場合もあれば、個人がやっている場合もあった。形はいろいろでも、ほとんどは質の悪い食べものを売りつけ、乗客に食べる時間を十分に与えなかった。もっとも、鉄道の発達状況は各国、また国内でも各地方によって差があったことから、たとえ同じ時代であっても、列車と駅の休憩所における旅行者の実体験はさまざまに異なっていただろう。

１８４３年、ロンドン在住の婦人なら、初めての鉄道体験について次のように語ったかもしれない。

今年、夫とわたしは初めて汽車の旅に出たの。2年前にバーミンガムの妹夫妻を訪ねたときは乗合馬車で、そのときは12時間もかかったわ。でこぼこ道を12時間もよ。だから今回は汽車を試すことにしたの。車掌の話では距離が１８０キロあるらしいけれど、ほんの6時間ほどで着いたわ。想像できる?

たしかに、時速35キロはとても速いけれど、鉄道はしっかりした作りよ。じつは去年までは少しスピードが心配だったの。でも女王陛下がスコットランドまでお乗りになったでしょう? ヴィクトリア女王が乗れるくらい安全なら、わたしたちも大丈夫だと思って。以前アルバート殿下もお乗りになったけど、女王陛下を見て踏ん切りがついたわ。

もちろん、女王陛下みたいにふかふかの絹の壁でできたすばらしい客車には乗れないけれど、一等車の切符を買ったのよ。二等車は座席が木製の長椅子だと聞いたから。

女王陛下は客車でディナーを召し上がったのかしら? わたしたちの汽車ではそのようなものは出なかったけれど、ウルヴァートン駅に停車したとき休憩室に軽食があった。10分しか時間がなかったけれど、紅茶とバンベリー・ケーキには十分だったわ。ポークパイもあったけれど傷んでいるように見えたから、ケーキだけにしたの。
ロンドンの始発駅はユーストン駅で、ギリシャの神殿みたいだった。出発ロビーには思わず息をのんだわ。朝8時にロンドンを出て、午後2時にはバーミンガムに着いたから、サラとロジャーとのディナーにも間に合ったの。女王陛下にも負けないくらいすばらしい旅だった。

1850年代のボストンで暮らしていた銀行家は、ニューヨークまでの旅について以下のように述べたかもしれない。

ニューヨークへの旅は、昔のように汽車と蒸気船を乗り継ぐのではなく、ほぼ汽車だけで行けるようになって、ずいぶんと楽になった。実際には、ボストン・ニューヨーク急行は4つの路線だ。ウースターまではボストン・ウースター線、スプリングフィールドまではマサチューセッツのウェスタン鉄道、ニューヘイヴンまではハートフォード・ニューヘイヴン線、最後にニューヨークまでがニューヘイヴン・ニューヨーク線。汽車は市街地までは乗り入れられないので、ニューヨークに着いてからホテルまでは馬車だった。総距離は380キロほどだったが、9時間で到着した。
車内でくつろごうと思ったが、床が汚くてかばんが置けなかった。おかげでかばんはずっと膝の上だ。わたしが思うに、つばを吐き出す噛みたばこは列車のなかでは禁ずるべきである。

旅の途中で食事はとれないとわかっていたので、午後2時半に家を出る前にすませておいた。オレンジ、キャンディ、新聞を売り歩いている若者を除けば、車内に食べものはなかった。新聞売りにはずるがしこい者がいて、わざと釣銭をまちがえて渡している。まあ、なかには愉快で正直な若者もいないことはない。ほかに何もないのだから彼らの商品でもありがたいといえばありがたい。

いつもと同じように、スプリングフィールドで20分間停車。ここで軽食が買える。乗客がわれ先にと列車から降りて休憩所に駆け込んだので、人ごみをかきわけて進まねばならず、ゆで卵ひとつしか手に入らなかった。

ニューヨークの聖ニコラスホテルに着いて、遅い夕食とブランデーに間に合ったのはなによりだった。この新しいホテルはアスターホテルに負けず劣らず、すばらしい。翌日のシカ肉料理は絶品で、ボルドー産の赤ワインもいうことなしだった。リリーも聖ニコラスホテルに連れてきてやりたいが、例の嚙みたばこ問題があるので、ご婦人方とその連れには異なる客車が必要だと思う。

1872年にサンタフェ鉄道に乗って開拓地をめざした人物ならこうだろうか。

西部の汽車の旅は冒険だね。東部の文明社会を離れて未開の地へ入ったことが実感できる。遅延と脱線はしょっちゅうで、もう気にもならない。線路上で寝ていた牛をはねたらしく、それを片づけてまた動き出すまでにしばらく時間がかかった。よくあることだから乗務員も慣れたものだ。列車強盗もめずらしくないらしいが、幸い出くわさずにすんでいる。

座り心地が悪すぎて、車内では眠れやしない。それに、暑くて窓を開けずにはいられないから、客車に飛び込んでくる火花にも注意しなければならない。どのみち、においが強烈すぎてどんな悪天候でも窓を開けざるをえない。機関車が四六時中激しく火花を散らすのに列車が燃えてしまわないのは、まさに驚きだね。

いくらか食べものを持って乗ったけれども、食べ終えてしまってからは沿線の食堂だけがたよりだ。東部の人にはわかりにくいかもしれないな。線路近くにポンと置かれた掘っ立て小屋みたいな建物に、風よけの動物の革がかけられただけのようなものもある。もちろん汚い。カンザス州のダッジシティ近くでは、バッファローの肉が外に積み上げてあって、自分で肉を切り取って焼いてもらうようになっていた。煮込んだ豆は何度も温め直したように見えたし、コーヒーはとてもじゃないけど飲めたもんじゃない。ウイスキーは良質とまではいかないけれども、まだなんとか飲める。

食事の時間がすごく短くて、やっと食べ始めたかと思うと笛が鳴り、汽車に走って戻らなければならないこともよくある。ある乗客は、食堂と車掌がグルになって、わざと食べる時間を与えずに、次の汽車でやってくる哀れな客に同じものを売りつけていると信じていた。その話を鵜呑みにしていいのかどうかはよくわからないけれど、このあたりではなんでもありだという感じはする。この地方は気が弱い人間には向いていない。でも、先を読む力があればチャンスはいくらでもある。もちろん、丈夫な胃も必要だけど。

鉄道が安全はもとより、長距離線のための座り心地のよい座席、食堂車、寝台車を乗客に提供するようになったのはその後長い年月が経ってからである。１８６７年にジョージ・M・プルマンが披露した食堂車は大きな喝采を浴びたが、それでもすぐには広まらなかった。実際、乗客からの要望があったにもかかわらず、鉄道会社の一部は高い経費を理由に何年ものあいだ食堂車の導入を拒んでいたほどである。

20世紀になろうかというころまでに、鉄道の旅はどこでもほぼ安全で快適になった。実際、裕福な旅行者にとってはきわめつきのぜいたくだった。客車は美しくデザインされ、仕上げられていた。食堂車では一流のレストランや高級ホテルも顔負けの食事が提供された。鉄道の旅はもはや冒険でも試練でもなく、多くの国で、安全で信頼でき、ときに優雅な旅の手段となった。

鉄道の初期には、おそれを知らぬ乗客たちが、飛んでくるすすや床に吐き出されたたばこ汁、がたがたのレールをものともせずに汽車に乗った。黄金時代の豪華列車に乗ることができたなら、どれほど喜んだことだろう。

バンベリー・ケーキとタルト

バンベリー・ケーキあるいはタルトはイギリスの鉄道駅の休憩所で売られていたもので、オックスフォードシャーにあるバンベリーという町にちなんで名づけられている。バンベリーは、歌詞が「木馬に乗ってバンベリー・クロスへ行こう」から始まる童謡に出てくることからアメリカ人にも聞き覚えがあるはずだ。オックスフォード英語辞典によれば、この町は「昔、清教徒の居住者が多く、信仰に厚かったことでよく知られていた」とあり、今でもこのケーキで有名である。

バンベリー・ケーキの古いレシピはジャーヴァス・マーカムによる1615年の著書『イングランドの主婦 *The English Housewife*』にある。彼のレシピでは、次に示すように、生地にカラント（スグリ）の実を混ぜ込んでいる。

バンベリー・ケーキの作り方

おいしいバンベリー・ケーキを作るには、カラントの実1・8キロをよく洗い、傷んでいるものを取りのぞいて、ふきんで水気をとる。卵3個のうち卵黄1個分を取りのぞいて溶きほぐし、バーム（ビールなどの発酵過程で形成される泡）と一緒にざるでこす。そこへクローブ、メース、シナモン、ナツメグをくわえる。生クリーム1パイント（568ml）と、同量の新鮮な牛乳を火にかけて人肌に温める。小麦粉に冷えたバターと砂糖をたっぷりくわえ、そこへ卵、バーム、香辛料を入れて、すべての材料を混ぜ込んで1時間以上寝かせる。生地の一部を取り分ける。残りの生地をいくつかに分けてカラントを混ぜ込む。カラントを混ぜ込んだ生地を好みの数に成形し、取り分けておいたカラントの入っていない生地でカラント生地の上下を薄く包む。ふくらむまでオーブンで焼く。

のちのレシピは、一般に、ケーキというより折り重ねパイやタルトに似ている。イギリスの鉄道駅で出されたバンベリー・ケーキはたいてい古いか傷んでいると酷評されていたが、焼きたてはおいしい。このレシピはリンダ・ストラドリーのすばらしい「ホワッツ・クッキング・アメリカ」のウェブサイトからのものである。

バンベリー・ティー・タルト

できあがり…たくさん　準備時間…15分　焼き時間…20分

バター…½カップ（室温に戻す）〔1カップ＝240cc〕
グラニュー糖…1と½カップ
卵…3個
干しカラント…1カップ
レモンの皮…1個分
レモン汁…1個分
直径30cmのパイ生地…1枚

1. オーブンを190℃に予熱する。
2. ボウルでバターと砂糖をクリーム状になるまで練り、卵、カラント、レモンの皮、レモン汁をくわえてよく混ぜる。
3. パイ生地を3mmの厚さに伸ばす。タルトの大きさはお好みで。普通のマフィン型を使う場合は、上下を切り取ったツナ缶で丸くくり抜く。ミニサイズのマフィン型を使う場合には、トマトペースト缶でくり抜く。パイ生地をマフィン型に入れて、でこぼこにならないように敷き込む。
4. ティースプーンでタルトの⅔まで2でできたフィリングを詰める。マフィン型にフィリングをこぼすとタルトが取り出しにくくなるので要注意。
5. オーブンで15〜20分、パイが薄い茶色になるまで焼く。オーブンから取り出し、マフィン型からはずして、網台の上で冷ます。

メモ：簡単なタルトなので、わたしはいつも分量を2倍にしてミニタルトを9ダースほど作る。ラップでくるんで冷凍可。電子レンジかオーブンで少し温めてからいただくのがベスト。

第1章 食堂車がなかったころ

鉄道事業の草分けとなったのはイギリスで、同国の鉄道網は建設の質が高いことで知られていた。実際、アメリカもフランスも、イギリスの鉄道技術をモデルにしていた。品質や細部へのこだわりがイギリス鉄道網の発展を妨げることはなかった。１８４３年にはすでに、およそ３０００キロメートルの鉄道が開通しており、週に30万人の乗客を運んでいた。[1] １８９９年にはそれが3万２０００キロに延びて、乗客の数は１２００万人に届くほどになった。けれども当初の列車の質は、食事の提供や客の乗り心地にまではおよんでいなかった。１８７０年代に食堂車が導入されるまで、車内には快適な設備も食べものもほとんどなかった。

なかには、ランチバスケットを持ち込んで道中の空腹を満たす乗客もいたが、何も持たずに乗り込んだ客は食べるものがないとぼやくしかなかった。線路が延びて乗車時間が長くなるにつれて、イギリスでは乗客の食事と宿泊のために、いくつもの駅に休憩所と鉄道ホテルが建てられた。ティールームとも呼ばれた休憩所では紅茶、スープ、サンドイッチ、ポークパイ、バンベリー・ケーキ、ソーセージロールなどの軽食をとることができた。

ウィリアム・アクワースは19世紀末から20世紀の初めにかけて活躍したイギリス人鉄道経済学

者である。いくつもの本を書き、ブリテン諸島、ドイツ、インド、アメリカの鉄道経済について論文を発表していた。おもな関心は鉄道事業と政治だったが、鉄道利用客の食事についても一家言を持っていた。アクワースはイギリスの鉄道休憩所にはまだ改良の余地があると考えていた。１８８９年の著書『イギリスの鉄道 *The Railways of England*』に彼はこう記している。「しばらく前、夏の長い1日にリンカンシャーを行ったりきたりしたことがあるが、12時間ものあいだ丸パンだけで耐えなければならなかった」。それでも彼は「マグビー・ジャンクション駅で紅茶もスープもみな同じ味がした」時代に比べれば、まだましだと認めている。[2]

チャールズ・ディケンズも軽食については同意見だった。彼はコーヒーを「小麦粉でとろみをつけた茶色い水」、ポークパイを「すじと脂のねばねばしたかたまり」と表現している。[3] 同じく小説家のアントニー・トロロープは、イングランドの真の恥は鉄道の「化石サンドイッチ」だと述べて、さらにこき下ろした。「あのにせものは見た目はそれなりだが、実際は貧弱で粗末で味気なく、くず肉の端切れが入っていて、微々たる量しかない。この肉をこそげ落とした骨がスープのだしを取るためなべに送られるころには、肉のかけらも残っていなかったにちがいない[4]」

鉄道のサンドイッチの新鮮さ、というより新鮮ではない状況は、長年にわたって小バカにされ続け、月並みであることの比喩として用いられることもしばしばだった。１９３８年の駅の休憩所が舞台となったデヴィッド・リーンの古い映画『逢びき』でもまだ、もの笑いのタネにされている。トレヴァー・ハワードとセリア・ジョンソンが演じる登場人物は、駅で出会い、汽車を待ちながら紅茶を飲んでいるうちに恋に落ちる。あるシーンで、失礼な客がウェイトレスに向かっていう。「そのサンドイッチが今日作ったものだっていうなら、あんただって大女優にちがいない」。劇中の「ミルフォード・ジャンクション」駅は実際にはカーンフォース駅で、今でも存在する。１９３０年代終わりごろの姿に復元されており、映画のファンが頻繁に訪れている。

イギリスの鉄道の休憩時間は短く、ときには10分しかなかった。コーヒー、紅茶、あるいはスープが飲める温度に冷めるのを待っているあいだに発車のベルが鳴るため、あまりにせわしないと乗客は不満を述べた。イギリスの作家クリス・デ・ウィンターによれば、あるとき発車が少し遅れたために、乗客たちは、自分たちがあきらめた飲みものがカップからポットに戻されるのを目撃したという。[5]次の汽車が到着したらまた売るのだろう。

イギリス人は、19世紀半ばのインドでも、鉄道の駅に休憩室を設けた。オーストラリアの新聞には、インドの休憩室はイギリスよりもよいとアクワースが語ったと書かれている。その記事によれば、カルカッタ（現コルカタ）からボンベイ（現ムンバイ）へ向かう路線にあった休憩室のディナーは「スープ、それから魚、牛肉、羊肉、シギ、鴨、キジ、またはウズラ、そして焼き菓子、4～5種類のくだもの、最後は定番のカレーとライス。（中略）食事をする乗客ふたりに現地人の給仕がひとりつく[6]」というものだった。

オーストラリアの記者はインドの「定番のカレーとライス」にはあまり乗り気ではなかったようだが、近年になって、作家のデヴィッド・バートンが著書『インドの食卓 *The Raj at Table*』で正反対の意見を述べている。

大きな駅では必ずホームにヨーロッパ、ヒンドゥ、イスラムの３つの食堂があった。まともな人ならだれでもヨーロッパ食堂は避けた。場合によっては生ぬるい炭酸飲料やビールを買うくらいはするかもしれないが、食事がまずいうえに値段が高すぎる。だが、イスラムの食堂はそれとは対照的である。そこから漂ってくるケバブとピラフのおいしそうな香りが、多くのヨーロッパ人旅行客を引き寄せる。その裏にある厨房の状態に目をつぶりさえすれば文句なしだ。[7]

旅行の時代

19世紀の産業革命が到来すると、それなりの資産がある人々は旅行をするようになった。彼らは国内のさまざまな場所を訪れるだけでなく国外へも赴いた。やがて、中流階級や労働者階級の人々も旅行ができるようになる。１８４１年、トーマス・クックが、禁酒運動の大会のために特別列車を出してくれないかとイギリスの鉄道会社に持ちかけた。すると、たくさんの客が乗ることが保証されたため、鉄道会社が運賃を割り引いたのである。その最初の特別列車の経験を生かして、クックは中流階級の顧客を中心に、団体を取りまとめてツアーを行うようになった。クックのツアーとして知られるようになったその団体旅行のおかげで、女性も安心して旅行ができるようになった。１８６３年までに、クックはフランスへ２０００人、スイスへ５００人を案内し、客にふさわしい宿と「ローストビーフとプディングを食べるイギリス人」のための食事を手配した。[8]１８７１年に彼が興したトーマス・クック・アンド・サン社は、のちに世界中で名を知られる旅行会社となった。

観光旅行の増加は豪華ホテル時代につながり、イギリスの鉄道各社はとりわけ豪勢なホテルを建てた。ターミナルホテルとも呼ばれるそれは、当時の指折りの建築家が設計したもので、それぞれの都市でもっとも印象に残る建物になった。宮殿のような立派な建物には２００～３００の客室、レストラン、会議室、バー、ダンスホールがあり、屋内の給排水やエレベーターなどの近代的な設備が整っていた。事前にしっかりと計画を立て、運に恵まれれば、旅行者は鉄道の傷みかけのサンドイッチを食べなくても、ターミナルホテルで高級ディナーを味わうことができるようになった。

知ってか知らずか、ホテルはまた男女の平等を促すことにもなった。ホテルのレストランが、上流階級の婦人が食事をするにふさわしい場所だとみなされたためである。それまで女性はホテルにある個室のダイニングルームに追いやられていた。裕福な男性はクラブで食事をとれたが、女性は歓迎されなかった。けれども鉄道ホテルの登場によって、女性も大勢の人がいるレストランに入れるようになった。ホテルのディナーは上品なだけでなく流行の最先端で、豪奢な雰囲気に合わせてディナーのために着飾るチャンスにもなった。

カナダの鉄道もイギリスにならい、西部のバンフ・スプリングス・ホテルからケベック州のシャトー・フロンテナックまで、いたれりつくせりの鉄道ホテルを建設した。フランスは19世紀の終わりごろに鉄道会社系列の豪華ホテルを建て始めた。ドイツ、イタリア、ベルギーほかのヨーロッパ諸国も同様だった。

フランスも鉄道の駅にレストランを作ったが、イギリスとは対照的に、その多くがすばらしかった。当初のなんの変哲もない名称とは裏腹に、パリのビュッフェ・ド・ラ・ガル・ド・リヨン（リヨン駅ビュッフェ）は豪華なベル・エポック式建築の代表格だ。内装はあますところなくきらびやかに金メッキ、塗料、鏡、壁画で覆われている。これは1900年のパリ万国博覧会で訪問客に食事を提供するために建設されたものだが、1963年に有名な列車名にちなんでル・トラン・ブルー（青い列車）と改称された。リュック・ベッソン監督の『ニキータ』やジョージ・

トーマス・クックの初のヨーロッパ旅行パンフレット。1865年。トーマス・クック・アーカイブ蔵。

クックのツアー参加者。イタリアのポンペイにて。1868年。
トーマス・クック・アーカイブ蔵。

キューカー監督の『叔母との旅』といった映画のシーンでも使われており、たんなる駅のビュッフェというよりむしろ、この場所が目当てでやってくる客が多くなっている。現在のメニューには、鴨のフォアグラ、ターボット（イシビラメ）のフィレ、ババ・オ・ラム（ふんわりした甘い食感のパンにラム酒をしみこませたもの）など由緒正しい高級フランス料理のほか、ガスパチョ、コリアンダー入りアボカドのタルタル、鮭のココナッツミルクソースとレッド・カレーなど、フランスの名料理人だったエスコフィエでさえ見たこともなかったような料理もある。

スピード重視のアメリカの鉄道

イギリスの鉄道といえば品質だった。アメ

パリのリヨン駅にあるル・トラン・ブルー。
世界でもっとも印象的な鉄道駅レストランのひとつ。ル・トラン・ブルー蔵。

リカではなによりもまずスピードが優先された。安全でさえ後回しだった。アメリカを訪問した人の目には、線路を敷くのも、食べるのも、日常生活も、スピードが命であるかのように映った。速ければ速いほどよいというのがアメリカ人のモットーだったようである。1833年、フランス政府は運河や鉄道の建設状況を評価するためにミシェル・シュヴァリエをアメリカへ送った。シュヴァリエはこう報告した。実際にレールを敷くより実行するかの議論のほうが長いフランスとは異なり、こちらでは作業はア・ラメリケーヌ（アメリカンスタイル）、つまりめまぐるしいスピードで行われている。

「ヨーロッパの進歩は這うような歩みだが、アメリカでは馬の駆け足だ」。19世紀半ばのアメリカでタイム誌のニューヨーク特派員を務めていた、スコットランドの詩人でジャーナリストのチャールズ・マッケイはそう表現した。[10]

イギリス海軍士官で作家でもあったフレデリック・マリアットは、1837〜1838年にカナダとアメリカを旅して回った。そのときの観察記録が『アメリカ日記 *A Diary in America, with Remarks on Its Institutions*』として1839年に出版されている。マリアットは本のなかでアメリカ人を「落ち着きがなく、よく旅をする国民だ。仕事でも娯楽でも、たえず国内を移動している。しかも集団で」と述べている。マリアットは、アメリカの鉄道はイギリスのものほど質が高くないため、危険をともない、事故が起きやすいと考えていた。しかしながら「目的は投資に対してすばやく利益を上げることであり、したがって、少ない例外をのぞけば、耐久性や持続性が考慮されることはない」と説明している。[11]

アメリカの鉄道駅はもともと貨物を保管するために建てられたものだが、おそらく乗客が汽車を待つ場所も兼ねていただろう。一部の駅舎には駅長とその家族のための宿舎もあった。駅はレストランになるようには作られていなかった。それでも、駅長の妻に商売っ気があれば、プラットホームにテーブルを広げ、汽車が停車したときに乗客に自家製の食べものを販売することもあった。料理の腕前次第で、乗客はポットローストから焼きたてパイやビスケットまで、いろいろ楽しむことができた。裏を返せばそれは、駅によってはまずい食事を出されたり、何も出されなかったりすることもあったということである。

19世紀半ばまでには、いくつかの駅に休憩所がオープンした。しかしながら、食べものはよくても、食事時間が不十分だった。多くの人と同じように、マリアットはアメリカ人が食べるスピードにも仰天した。彼は休憩所のある駅に到着したときのようすを次のように記している。

すべてのドアが開けられ、まるで終業の鐘とともに学校から飛び出す少年たちのように乗客がどっと出てきて、パイ、ケーキ、ゆで卵、ハムカスタード（ハム、溶き卵、牛乳を混ぜてオーブンで焼いたもの）ほか、たくさんありすぎて名前をあげられないほどさまざまな鉄道の旅のぜいたく品を手に入れようとテーブルに群がった。出発を告げるベルが鳴ると、みな手も口もいっぱいの状態で汽車に飛び乗り、次の停車駅までの移動が再開された。旅の単調さを紛らわすために、空腹でもないのに口をもぐもぐと動かしながら。[12]

当時の記事からも、マリアットがいうところの「鉄道の旅のぜいたく品」は数多くあったとわかるが、あまりおいしくはなかったようである。

1857年6月10日のニューヨーク・タイムズ紙に率直な意見が掲載されている。

英語のなかで恥ずかしいほど誤って用いられている言葉があるとすれば、それは鉄道の駅であたふたと食べたり飲んだりすることを意味するリフレッシュメント（休憩）である。その惨憺たる場所は（中略）リフレッシュメント・サロンと呼ばれているけれども、かくもみじめな忌まわしき場所の呼称にはまったく適していない。（中略）300～400人の男や女や子どもが（中略）半日ものあいだ顔に灰を浴びながらほこりにまみれ、疲労と空腹と喉のかわきで倒れそうになりながらようやく駅にたどり着く。待ち望んだ休憩なのだから少なくとも顔くらい洗いたいだろうに。だが、彼らはあわただしく薄暗い大部屋へ駆け込み、朝食であろうが夕食であろうが15分のあいだにかき込まなければならないのだ。

記事はそれを「野蛮で異常な食事」とさえ呼び、「粗悪なバターに浸した噛めないビーフステーキ」「古くなったパン」「魔のカスタードパイ」に触れ、そうした食べものは「肺の病気や発熱を引き起こしかねない消化不良の原因を作っている」と述べている。ニューヨーク・タイムズ紙は、乗客を「無知でがめつい輩」の思うままにさせるのではなく、鉄道各社が食堂を管理するべきだと提案している。[13]

そうした意見はニューヨーク・タイムズ紙だけのものではなかった。「ひからびたサンドイッチ」「化石パン」「乾燥肉」「ゴムみたいなステーキ」そして「悪夢のような1週間を迎える」パイは、当時の文献にたくさん出てくる。[14][15]

早食いは駅の食事だけではなかった。急ぐ必要がないホテルでも、アメリカ人はあたかも時間がないかのように食べた。シュヴァリエは次のように記している。

ホテルでも蒸気船でも、食事の時間が近づくにつれてレストランのドアの前に人だかりができる。ベルが鳴るやいなや人々が一斉に駆け込み、10分もしないうちに満杯だ。15

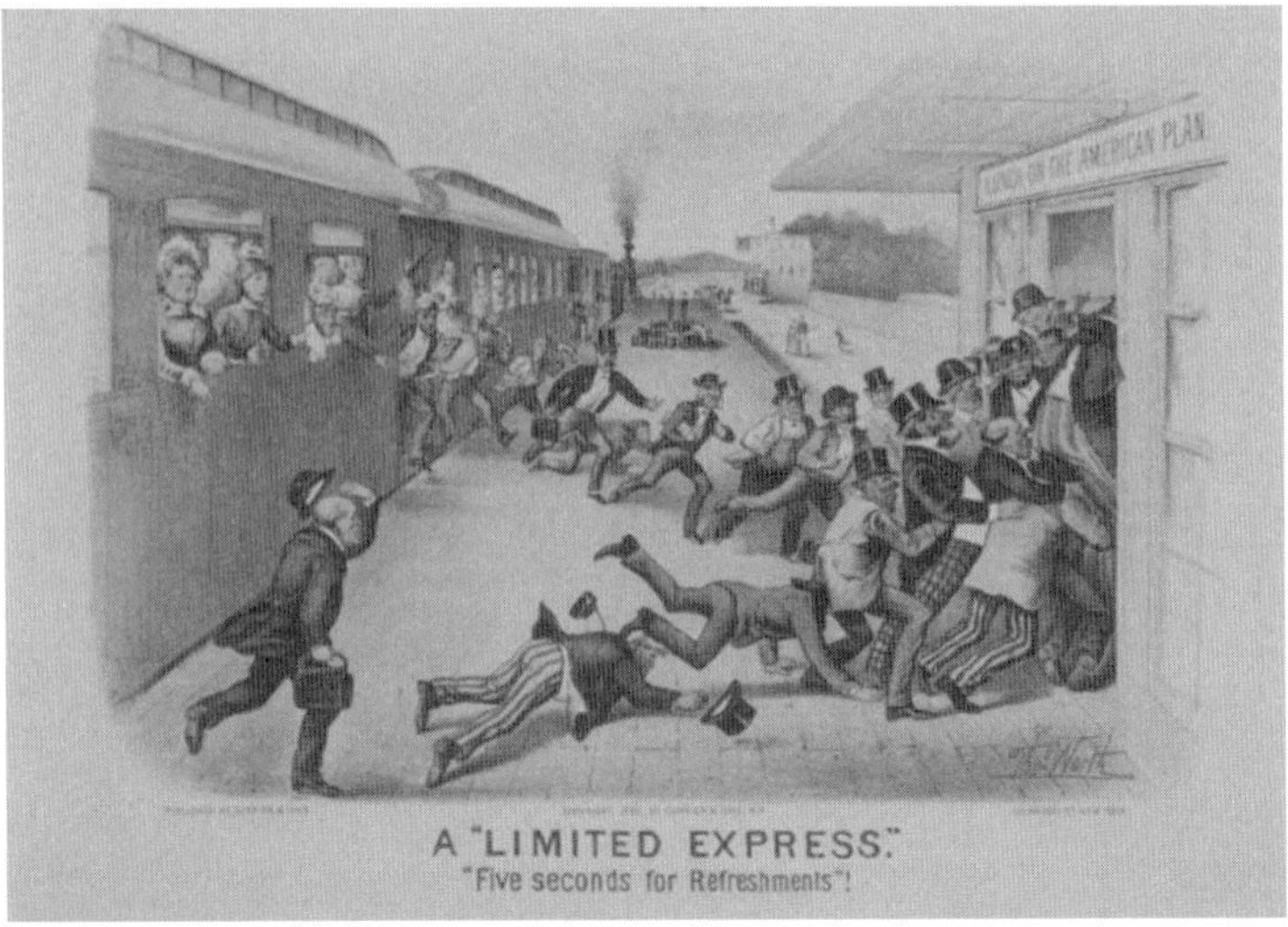

アメリカの駅での食事スピードを風刺したカリアー・アンド・アイヴズ社の1884年の絵。米議会図書館蔵。

分もすれば、300人のうちの200人は食事をすませ、さらに10分かそこらのうちに人っ子ひとりいなくなる。[16]

ヨーロッパと同じように、アメリカでも19世紀に豪華ホテルが建てられたが、鉄道会社による建設あるいは運営ではないことが多かった。上品なレストランで出される食事は雰囲気に負けず劣らず豪勢だった。東海岸の乗客は、ポワトラン・ド・ヴォー（子牛の胸肉）からマカロニ・オ・パルメザンやミートパイを満喫できるよう、アスター・ハウスといった高級ホテルのディナーに合わせてニューヨークに着こうと旅程を組んだ。シカゴのパーマー・ハウスでも、ボストンのトレモント・ハウスでも、同じようなスタイルで食事ができた。けれども、大都市をのぞけば、鉄道の乗客はおいしいディナーはおろか十分に食べることすらできなかった。マリアットはヴァージニアのフライドチキンをほめながらも、西部に向かう乗客は「とうもろこしパンと例のもの」（粗挽きとうもろこし粉のパンと豚の脂）でやり過ごさなければならないと述べている。[17]

路線によっては、汽車の乗務員が乗客からランチバスケットの注文を受けつけ、先の駅に電報で知らせておいて、停車時に受け取り、車内で客に引き渡すサービスもあった。１８００年代の終わりごろ、インディアナ州ラファイエットのN・G・オーマーズ鉄道バスケットランチサービスは、いろいろなランチバスケットを取りそろえて販売していた。食事のために停車しなかったため、メニューはこんな感じだ。カキの揚げもの6個、パン2枚とバター、パイ1切れ、ピクルスのセットが50セント。冷製シュガー・キュアード・ハム（燻製前の漬け込み時に材料の一部として砂糖を使用したハム）、ゆで卵2個、パン2枚とバター、オリーブ6個のセットが45セント。サーディンとレモン、パン2枚とバター、パイ1切れのセットが45セント。いちばん安いランチは豚足の酢漬け、丸パン2個とバター、ピクルス、パイのセットで35セントだった。それ以外にもサンドイッチ、くだもの、ビール、ワイン、ミルク、コーヒー、紅茶を注文できた。これらはたいてい10セントだったが、「クラレットワイン」は75セントもした。[18]

多くの乗客は家でピクニックランチを作って列車に持ち込んだ。１９１５年、カンザス・シティ・スター紙の記者によれば、それらは「靴箱ランチ」と呼ばれ、たいていはフライドチキン、固ゆで卵、ケーキが入っていた。それでも、列車の旅が長ければ目的地に着く前に食べつくしてしまう。また乗客は、とりわけ夏のあいだ、車内に持ち込まれた食べもののにおいに悩まされた。同じ記事で、記者はユーモラスにそれを表現している。「ランチの香りが1日中車内に漂っていたので、ハエが行く先々の仲間に電報で知らせるらしく、駅に着くたびに仲間と落ち合っていた」[19]

乗客に無料で水を配る列車もあった。氷の入った水がブリキの缶に入れられ、給仕がそれを持って車内を歩いて乗客に差し出した。気温が高い日にグラス1杯の水はありがたかったが、給仕はひとつかふたつのグラスしか持っておらず、だれもがそれを使って飲まなければならなかった。グラスを洗うという規定はなかった。[20]

新聞売り

食事と呼ぶには無理があるが、アメリカの列車ではそれ以外にも食べものを手に入れる方法があった。ニュース・ブッチャーと呼ばれる新聞売りの少年たちが、キャンディやオレンジなどの軽い食べものを車内や駅で売り歩いていたのである。19世紀、ブッチャーという言葉は食肉解体業者と大量殺人犯だけでなく売り子全般にも用いられており、ニュース・ブッチャーは鉄道会社に雇われて、新聞、本、軽食を乗客に販売していた。たいていの場合、売り子は13～15歳くらいで、ほかに金銭を得る選択肢がなく、たとえ短い距離でも家から離れてみたい少年たちだった。

たいした金は稼げなかったが、彼らは鉄道の従業員であることを示す帽子を誇らしく身につけ、機関車に乗せてもらうと大喜びだった。

新聞売りが販売する物品は便利だったにもかかわらず、乗客からはほめられるより批判されることのほうが多かった。傷んだサンドイッチ、腐ったくだもの、1日遅れの新聞を売っているとの非難された。わざとお釣りを少なく渡していると、少年たちの誠実さを疑う声も上がった。ノエル・カワードの戯曲『カドリール *Quadrille*』では、アメリカの鉄道王がイギリスの婦人に、自分は13歳のときにニュース・ブッチャーをしていたと告げる。ニュース・ブッチャーとは何かと尋ねる婦人に、彼は、「新聞、怪しげな雑誌、ピーナッツ、噛みたばこなどを売りながら、走る列車のなかをはね回る、小生意気で甲高い声をした少年」だと語っている。[21]

小説家のロバート・ルイス・スティーヴンソンは新聞売りの価値を認めていた。1879年にニューヨークからサンフランシスコまで汽車で旅したときのようすを語る著書『大草原横断 *Across the Plains*』で、乗客が快適に過ごせるかどうかは新聞売りに大きく左右されると述べている。設備が整っていない移民用の列車に乗っていたスティーヴンソンは、売り子が提供する食べものやサービスを高く評価した。移民列車は、西部での成功、あるいは少なくとも生活の向上を求めて移住する人々のための、安価だけれども最低限のサービスしかない列車である。スティーヴンソンによれば、新聞売り次第で「移住者はなんとなく明るい気持ちになれた」。もっとも売り子のひとりは「陰気で、態度が横柄な礼儀知らずの小僧であり、乗客を犬のように扱った」とも認めている。けれども、ある少年はだれにでも親切で、どこでいつ食事をとればよいのかを乗客に教え、途中の駅で乗りそびれないように気を配り、彼らの面倒をみていた。スティーヴンソンいわく、彼は「古いギリシャの切手の英雄のように（中略）一人前の仕事をしてよりよい世界を作っていた[22]」

売り子に同情する客もいた。飲料のボトルをかすめとったり、金を払わずに新聞を抜き取ったりする客がいたからだ。売り子はなくしたり盗まれたりした商品の代金を雇用主に弁償しなければならなかったため、そうなればほとんど金をもらわずに長時間働くことになりかねない。彼らの仕事は歩合制だった。うまくいけば数ドル持ち帰ることができたが、へたをすると金を失う日もあっただろう。

したがって、小説家のホレイショ・アルジャーが少年たちの肩を持ったとしても不思議はなかった。『エリー鉄道の少年 *The Erie Train Boy*』と題された物語のなかで、アルジャーは、彼らは列車内で仕事を始める前に商品の手付金を支払わなければならなかったと述べている。ほとんどの少年は貧しく、手付金を払う余裕などなかった。昔はよくあったことだが、アルジャーの若き主人公も未亡人となった母親を支えていた。もちろん彼はやがて成功を収める。

アルジャーの主人公のように、幾人かの新聞売りはのちに名声と財産を手に入れた。トーマス・アルヴァ・エジソンはまだ12歳だった１８５９年、シカゴ・デトロイト・カナダ・グランド・トランク・ジャンクション鉄道で新聞売りをしていた。ほかの売り子と同じように、エジソンは軽食を売った。ほかの売り子と異なっていたのは、車内に印刷機を持ち込み、走行中の列車では初めての新聞を発行したことだった。彼はそれをグランド・トランク・ヘラルド紙と名づけ、１

トーマス・エジソンの化学実験は鉄道員には快く思われなかった。
ブリッジマン・アート・ライブラリー蔵。

部なら1ペニー、定期購読には月8セントの値段をつけた。エジソンはまた車内に化学実験の道具を持ち込んでもいたが、ある日荷物車で火事を起こし、激怒した車掌に駅舎での仕事を命じられてしまった。現在、ミシガン州ポートヒューロンには彼が売り子をしていたトーマス・エジソン駅博物館がある。

ウォルト・ディズニーと兄のロイもティーンエイジャーのころに新聞売りをしていた。ロイはふた夏のあいだサンタフェ鉄道で働いた。数年後の1917年、ウォルトはカンザスシティとシカゴのあいだを走っていたヴァン・ノイ・インターステート社で仕事をした。

雇用されたときに16歳だったウォルト・ディズニーは、新聞売りとしては今ひとつだった。同僚の少年たちは彼をからかい、客は彼の経験不足につけ込んでだまそうとした。売りものであるはずのキャンディーを試食したいという客を断れず、報酬を得るどころか借金を負う始末だった。それでも彼は鉄道の旅をこよなく愛し、生涯を通じて鉄道ファンだった。成功を収めたのち、ディズニーはカリフォルニアにある自宅の敷地内に1/8スケールの鉄道を作った。テーマパークでは鉄道を取り上げ、『機関車大追跡』や『勇敢な機関士』といった映画では汽車を主役に仕立て上げた。

起業家の卵か、ずる賢いわんぱく小僧かにかかわらず、新聞売りが売っていたものに栄養のあるすぐれた食品と考えられるものはほとんどなかった。

車内の調理

乗客と同じように乗務員も食事の問題を抱えていた。しかしながら、彼らは炉をオーブンのように利用することができた。アメリカ西部では、機関車の火夫が石炭シャベルでバッファローのステーキを焼いていた。北アイルランドでは1950年代になってもまだ、機関士が石炭の上で紅茶をいれ、食べものに火を通していた。スライゴ・リートリム・ノーザン・カウンティーズ鉄道で働いていたマイケル・ハミルトンは次のように記している。

焼いて食べる場合には、若干の衛生基準を守らなければならない。まず火夫の石炭シャベルを機関車のボイラーの熱湯で洗う。犬の牙のようにぴかぴかになったところで、ベーコン、卵、ソーセージ、ブラック・プディング（豚の血を使った腸詰）をのせる。シャベルをしっかりと持って、ぼうぼうと燃え盛り、今にも火が襲いかかってきそうなかまどにそっと突き出す。片側が焼けたらひっくり返せば、ものの数分で食事のできあがりだ。[23]

ジョージ・M・プルマンがホテルカーと食堂車を登場させた1867年より前でも、ときおり車内で食事が出されることはあったが、それらは車内で調理されたものではない。場合によっては、乗務員が荷物車にカウンターとスツールをならべて、駅の調理室で作られ、汽車の蒸気室で保温された簡単な食事を販売することはあった。商品は、カキのシチュー、揚げ菓子、コーヒーが一般的だった。南北戦争時代には、病院へ輸送される兵士に車内で温かいスープが与えられた。1863年には、フィラデルフィア・ウィルミントン・ボルティモア鉄道がごく初期の食堂車を導入した。中央をついたてで仕切った車両の半分がシガールームにあてられ、残りの半分で、乗客がカウンターで食事をとれるようになっていた。食べものはターミナル駅で用意され、蒸気室で保温された。[24] その形はレストランというより男性向けのバーに近く、女性が食事のために入ろうとすることなどなかっただろう。

西部開拓

多くの人が暮らす地域では、鉄道は町と町をつないでいた。西部では、鉄道が町を作った。汽車さえくればどこでも、またたくまに集落ができあがった。初めはたんに、線路を敷く労働者が寝泊まりする掘っ立て小屋の集まりである。そうした小屋とならんで、飲みもの、賭博、娼婦のテントや荷馬車が線路沿いにひしめくようになる。そのような集落は「移動式の溜まり場」と呼ばれていた。労働者がくるやいなやぞんざいに建てられ、労働者が次の場所へ移れば、それとともに移動していったからだ。

やがて、鉄道の沿線に定住と呼べなくもないような集落ができあがった。金鉱を探す人々、のちにそこで暮らすことになる人々は、ひと儲けをねらいながら粗末な小屋で暮らしていた。そうした人のほとんどは東部出身の男たちで、西部がもっと快適になったなら、残してきた妻や家族を呼び寄せたいと考えていた。線路に沿って暮らす女は娼婦だけだった。食事場所のウェイターは未経験で無作法なくらいならまだよいほうで、マナーなどとうの昔に忘れたような男たちに、薄汚い場所でまずい食事と強い酒を出していた。

どうにかしなければならないことは明らかだった。西部に移り住む人が増えるにつれて、まともな家と食べる場所が必要になった。旅を重ねていたフレデリック・ヘンリー・ハーヴィーもそれを痛いほど感じていた。ほかの旅行者と異なっていたのは、彼が解決策を見つけたことである。ハーヴィーは１８５０年代、15歳のときにイギリスからアメリカに移住し、22歳になるまでにはセントルイスでカフェを開いていた。しばらくレストランで働いたのち、彼はハニバル・セントジョゼフ鉄道の郵便係になった。出世して貨物取扱係になると、平日はアメリカ中西部を飛び歩く仕事になった。妻子はカンザス州のレヴンワースにある家に残っていた。旅をするうちに、ハーヴィーには食事と宿屋のひどいありさまがよくわかるようになった。彼はなんとかしようと決意した。

質の高いレストランは鉄道事業のためになると、ハーヴィーはアッチソン・トピカ・サンタフェ鉄道のオーナーを説得した。同鉄道は西部開拓ルートのサンタフェ・トレイルに沿って走っていた。そこは工業製品を西部へ、バッファローの革、毛皮、金銀を東部へ運ぶ交易路だった。鉄道は１８７２年までにシカゴからコロラドへ、その後６年でニューメキシコに達していた。まさにアメリカでもっとも急速に発展していた路線ということもあって、顧客はまともな食事に飢えていた。1876年、ハーヴィーは鉄道の支配人チャールズ・F・モースと手を組んで、駅レストラン事業に乗り出した。ハーヴィーがレストランを運営し、鉄道会社が無償で食料を運搬する。収益が出ればハーヴィーがもらうということで両者は合意した。

ハーヴィーはまずトピカ駅のランチルームスペースをぴかぴかに磨き上げることから始めた。ランチルームがオープンすると、彼は本格的に調理されたおいしい食事を約束した。コーヒーは2時間おきにいれ直すよう定められた。コーヒーなどよくても1日に1度しか作らないのがあたりまえだった地域で、これは画期的だった。彼はまた、顧客にマナーを求めた。「フレッド・ハーヴィーはけんか、汚い言葉、つば吐きは許さない」。驚いたことに、客は彼が突きつけた条件に素直にしたがった。「おいしい食事のためならなんでもしよう」

マナーの向上を加速させたのはハーヴィーガールズだった。男性ウェイターは酒を飲んでけんかになりやすいため、ハーヴィーは、ウェイトレスを募集する新聞広告を出して、東部や中西部の「品行方正」な若い女性を雇った。報酬は宿舎つきでひと月17・5ドルとチップで、男性よりは低賃金だったが、当時の女性にとってはかなりの給料である。ハーヴィーガールズは寮監つきの寮で暮らし、控えめな制服を身につけ、門限を守り、総じて上品に振る舞わなければならなかった。その代わり、彼女たちは無料で汽車に乗れ、西部を肌身で感じることができ、東部や中西部ではなかなか機会のない自由を味わうことができた。ウェイトレスは一般に尊敬すべき女性の職業とはみなされていなかったにもかかわらず、ハーヴィーガールズは高く評価されるようになっ

ハーヴィーガールズの一団。カンザス州シラキュース。1909年。
フローレンス歴史協会ハーヴィーハウス博物館蔵。

た。やがて、規則や門限がありながらも、彼女たちの多くは牧場主や鉄道会社の職員と交際し、結婚した。ハーヴィーが結婚紹介所をやっているとのうわさも、あながちまちがいではなかっただろう。[25]

トピカのランチルームは始まりにすぎなかった。1878年、ハーヴィーはフローレンスというカンザス州の小さな町にあった鉄道ホテルを買い取った。また、アイルランド製リネンのテーブルクロス、イギリス製の銀食器、それから陶磁器をそろえた。さらに、名の知れたシカゴのパーマー・ハウスからシェフを引き抜き、銀行の頭取並みの年5000ドルの報酬を与えた。レストランやホテルが次々に開業すると、「ハーヴィー・ハウス」の名は一流の料理、サービス、雰囲気の代名詞になった。

ハーヴィー・ハウスの成功の秘密は、良

質な食材が丁寧に調理され、礼儀正しく提供されたところにある。ハーヴィー・ハウスで出された料理は、グルメレストランの高級フランス料理ではない。メニューに書かれた料理名は顧客にも読めるものだったが、だれもそこまで質の高いものは食べたことがなかった。硬くて脂ぎったバッファローステーキに慣れていた西部の人々は、カンザスシティから輸送された牛フィレ肉のステーキをレアで食べることを知った。野菜とくだものはいつも新鮮だった。ハーヴィー・ハウスの料理人は自分たちの手でパンを焼き、新鮮なオレンジを絞ってジュースにした。地元で獲れる肉や魚も、手に入りさえすればメニューに載った。

典型的なハーヴィーのメニューには、小エビのカクテル、オニオンのクリーム煮、シュガー・キュアード・ハム、ビーフシチュー、スパイスをきかせたロブスター、ロングアイランド産子鴨のロースト、バタースコッチパイのホイップクリームのせ、などが載っていた。ハーヴィー・ハウスはまた、ヴァージニア州の昔ながらのサワーミルクビスケット、ウエボス・ランチェロス（トルティーヤに卵やサルサなどをのせたメキシコの温かい卵料理）、ウィスコンシン州のクリーミーなチーズスープ、ミシガン州ディアボーンのフィナン・ハディ（タラの一種であるハドックの燻製）、ニューイングランドのパンプキンプディングなど、地域に特有の料理も出した。ハーヴィーの料理人はみな同じレシピを用いて調理したため、いつどこで食べても同じ味だった。その一方で、客はいろいろな味を楽しむこともできた。鉄道の乗客が旅の途中、いくつかの異なるハーヴィー・ハウスで食事をしたときに、同じ料理を繰り返し食べなくてもよいように献立が立てられていたためである。

ハーヴィーはまたアメリカ人がスピードを重視することも理解していた。効率よく段取りがつけられていたおかげで、リラックスできる清潔な環境で、礼儀正しく魅力的なハーヴィーガールズが給仕するたっぷりの食事とかの有名なハーヴィーのコーヒーを楽しんでも、かかる時間はたったの30分だった。ハーヴィーは、乗客が次の停車駅で食事をとるかどうか、ダイニングルームとランチカウンターのどちらがよいかを車掌に尋ねさせた。車掌はそれをレストランに前もって電報で知らせ、汽車が駅に到着して乗客がレストランに入ったときには、すでにテーブルがセットされ、一品目のカップ入りの新鮮なくだものまたはサラダが用意されていた。レストランの支配人はただちに肉の大皿をダイニングルームへと運び込んで、分厚く切り始める。ハーヴィー・ハウスは分量が多いことでも知られていた。デザートのパイは六つ切りではなく、いつも四つ切りだった。

そして、ハーヴィー・ハウスでは魔法のように飲みものが出てきた。ひとりのハーヴィーガールが客から飲みものの注文を受けるやいなや、別のハーヴィーガールが現れて注文どおりにカップに注ぐ。ふたりのあいだに言葉が交わされることはない。客は首をかしげた。からくりはこうだ。注文を受けるハーヴィーガールがコーヒーカップを使って給仕に合図を送っていたのである。

カップが上向き＝コーヒー
カップが下向き＝温かい紅茶
カップは下向きで受け皿の上で傾ける＝アイスティー

カップは下向きで受け皿の縁にかけて傾ける＝ミルク[26]
この合図は客が勝手にカップを動かさないかぎりうまくいった。
ハーヴィーは、レストランチェーンの評判を傷つけるようなことは一切許さない厳しい経営者として知られていた。利益の上がらないハーヴィー・ハウスの支配人がひと月１０００ドルの損失を５００ドルに抑えようと、ひとり分の分量を少なくしたとわかったとたん、その支配人を解雇したといわれている。真偽のほどはわからないが、その話――と、人々がそれを信じているという事実――からは、いかにハーヴィーが水準の維持に真剣に取り組んでいたかがよくわかる。
やがて、東部はもちろん西部でも、アメリカの鉄道沿線に高級レストランが開業し始めた。１８９３年に創設されたヴァン・ノイ鉄道ニュース社は、ミズーリ・パシフィック鉄道沿線でレストランとホテルを経営していた。ヴァン・ノイの施設もハーヴィー・ハウスと同じように水準が高いことで知られていた。けれどもすべての駅のレストランが高水準だったわけではない。ホテルにダイニングルームがあることはまだまれだった。ランチバスケットや新聞売りが販売する軽食は十分とはいえなかった。19世紀の終わりごろになると、乗客は長旅のあいだも、清潔でこぎれいな場所できちんとした食事をとりたいと望むようになり、鉄道会社にそれを求めた。どう考えても、列車内でおいしい食事を提供すること以外に解決策はなかった。

イギリスの鉄道のサンドイッチ

傷みかけで粗悪なイギリスの鉄道のサンドイッチはあまりに評価が低かったために低品質の代名詞となって、コメディアンのジョークのネタにされることも多かった。しかしながら、なかでもよく売られていた卵とクレソンのサンドイッチは、何日も鉄道駅に置かれたあとではなく、きちんと作ってすぐに食べればとてもおいしい。

卵とクレソンのサンドイッチ

焼きたてのパン2枚　マヨネーズ
刻んだ固めの半熟卵1個　塩、こしょう
パリッとした新鮮なクレソンをたくさん

1. パンにマヨネーズを塗る。
2. 刻んだ卵に少量のマヨネーズ、塩、こしょうをくわえて混ぜ、味を調える。
3. パン1枚の上に2の卵を広げ、クレソンをたっぷりのせる。
4. もう1枚のパンをかぶせる。

5．鉄道風に斜めにカットする。

プディング

トーマス・クックの「ローストビーフとプディングを食べるイギリス人」は冷やかしのタネにされることもあるが、クックのツアーが誕生するよりはるか昔の17世紀、フランスのアンリ・ミッソン・ド・ヴァルブールはこう記している。「ああ、イギリスのプディングはなんとすばらしいことか」。イギリス人はプディング作りがずば抜けて上手だ。パンのプディングはシンプルなパンとバターのプディングから、最高位のゲストに振る舞えるほどすばらしい手の込んだものまでさまざまである。後者は「外交官」あるいは「内閣」プディングと呼ばれ、普通のパンではなくケーキやフィンガービスケットが用いられて、濃厚なカスタードや砂糖漬けのくだものが層になっていた。

このマーマレード・パン・プディングは簡単に作れる。食べたい日の前の晩に仕込んでおいて、朝オーブンに入れて焼くだけでよいため、朝食やブランチにぴったりだ。

マーマレード・パン・プディング

耳を切り落としたパン…8〜10枚。わたしはユダヤ教徒が祝日に食べるハッラーが好きだが、しっかりしたパンならなんでも。

柔らかくしたバター…大さじ4　卵（大）…4個

牛乳…2カップ　バニラ…小さじ1

マーマレード…½カップ。お好みのフレイバーで。わたしはビターオレンジ派。〔1カップ＝240ml〕

1. 1リットルのオーブン容器にバターをたっぷり塗る。パンを小さく切って片側にバターを塗る。バターを塗った側を上にして、パンの半量を容器に敷き詰める。マーマレードを広げる。残りのパンを敷き詰める。

2. 卵、牛乳、バニラを合わせて泡立て器で混ぜる。1のパンの上に注ぐ。ラップをかけて、パン全体が卵液に浸されるように少し押さえる。冷蔵庫でひと晩おく。

3. 朝、オーブンを180℃に予熱する。ラップをはずし、ひとまわり大きなオーブン皿にのせる。プディングの容器の高さの半分くらいまで、オーブン皿にお湯を注ぐ。40〜45分、てっぺんが若干ふくらんで色づくまで焼く。プディングの容器を取り出してテーブルへ。

第2章　食堂車の登場

　1868年にジョージ・M・プルマンが彼の最初の食堂車を「デルモニコ」と命名したとき、それは潜在的な顧客に向けた明らかなシグナルだった。「これは高級レストランである」。ニューヨークにある同じ名前の店は、アメリカでもっとも有名でかつ評価の高いレストランだった。デルモニコポテト（ゆでたじゃがいもにホワイトソースとチーズを混ぜてオーブンで焼いたもの）、ニューバーグ風ロブスター（バター、クリーム、卵、シェリー酒などで味つけされたロブスター料理）、チキン・ア・ラ・キング（チキンのクリームソース煮込み）、ベイクド・アラスカ（平たいケーキの上に山型にアイスクリームをのせてメレンゲで包み、焼き目をつけたデザート）はみな、そのレストランから生まれたものである。産業界の御曹司や王族がこぞってデルモニコスで食事をした。実業家のダイヤモンド・ジム・ブレイディや女優のリリアン・ラッセルといった有名人もそこで、高級ワインを片手に、大量のカキから始まるディナーのいくつもの料理に舌鼓を打った。

　デルモニコスは非の打ちどころがないサービス、エレガントな内装、そしてなによりも重要なことに、フランス料理で有名だった。カルト・デュ・レストラン・フランセと書かれたメニューは7ページもあり、フランス語に英語が併記してあって、ことさら洗練された雰囲気を醸し出していた。コースはコンソメ、あるいはウミガメのスープからスタートしたかもしれない。魚料理はターボット（イシビラメ）、ニシンのような魚シャッドの卵だったろう。続いて鴨のロースト、キジといったジビエ（狩猟肉）やマトンチョップなどの肉料理。サイドディッシュにはセロリの炒め煮、トマトサラダ、ビーツのサラダ、きのこのミニパイ。デザートメニューには、シャルロット・リュス（フィンガービスケットで縁取りしたババロアケーキ）、スフレ、プディング、タルト、新鮮なくだものの コンポート、さまざまな形のゼリー、シャーベットがある。そうした食べものそれぞれに、ふさわしいワインが添えられた。50種類以上あるワインリストにくわえ、食後にはブランデーやポートワインも用意されていた。アルコール度を高めたマデイラと呼ばれるワインは、19世紀のアメリカやイギリスの食卓でかなり人気があった。

それらは、汽車で旅する乗客が慣れ親しんでいたような食事やサービスとは天と地ほどの差があった。けれどもプルマンはそうした高級料理の提供を約束し、やがて成し遂げたのである。

プルマンの快進撃

１８６８年に食堂車「デルモニコ」がデビューしたとき、プルマンはすでにその仕事ぶりと成功で名声を得ていた。彼は4年生で学校を辞め、ニューヨーク州バッファロー近郊のブロクトンという生まれ育った小さな町で木工や家具作り、また曳家《ひきや》、つまり家を解体せずにまるごと移動させる方法を父親の傍らで学んだ。当時はエリー運河の拡大にともなって河岸から建物を移動させる仕事がたくさんあり、曳家は繁盛していた。1850年代にシカゴに移り住んだプルマンはそこで建物を持ち上げる技術を先導した。シカゴでは、新たな下水道の設置や道路建設が進められており、2階建て以上のレンガ建てを含む建物を数十センチ持ち上げ、その下で作業する必要があった。プルマンは建物を持ち上げ、道路や下水の完成後にまたそれを下げたが、窓ひとつ揺らさず据えつけることができたという。

そうした成功を収めていたにもかかわらず、20代になったプルマンは、成長著しい鉄道にこそ未来があると考えた。あちらこちらを旅していた彼は、寝台車に改良の余地があると感じていた。天井があまりに低く、頭がこすれる。換気システムがないため年中不快で、特に冬は、ストーブに火が入れられて暖房がききすぎた車内が、しばらく風呂に入っていない男たちでいっぱいだったのだからなおさらだった。ベッドは寝心地の悪い簡易ベッドだった。プルマンは自分ならもっとうまくやれると思った。1859年、ニューヨーク州の元上院議員ベンジャミン・C・フィールドと手を結び、プルマンは乗り心地のよい寝台車をめざして客車の改造に着手した。数年後、プルマンは新型の寝台車をデザインして作らせた。それは、それまでのどの寝台車よりも広く、快適で、豪華だった。「パイオニア」と名づけられたその車両は1865年にシカゴのオールトン・セントルイス鉄道でデビューを果たした。

深みのある黒いくるみ材を基調に、きらめくシャンデリア、ビロード張りの椅子、格調高いじゅ

1870 年のプルマン製ホテルカー内の高級ダイニング。 米議会図書館蔵。

うたんからなる内装は、その後の寝台車の基準となった。寝台はゆっくりくつろぐことができ、すばらしいことに洗いたてのシーツが敷かれていた。トイレには大理石の洗面台が備えつけられた。ただし、それほどまでに美しい場所でさえ、噛みたばこはなおも頭を抱える問題だったとみえる。19世紀末の豪華な客車の写真や絵の多くでは、高級カーペットを保護するため、噛みたばこの愛用者がはずさないように吐き出してくれることを願って座席横の床にたんつぼが置かれている。

プルマンは自分の事業を高く評価してもらう手法を心得ていた。車内で調理と食事の提供を始める前、彼は周遊旅行を企画して要人や報道関係者を招き、鉄道ホテルで調理されて車内に運び込まれた料理を披露した。1866年5月19日土曜日、ミシガン・セントラル鉄道、シカゴ・バーリントン・クインシー鉄道、シカゴ・ノースウェスタン鉄道で行われたその周遊の旅では、メニューが絹に書かれていた。

謹呈　ジョージ・M・プルマン

❖チキンサラダ、サンドイッチ
❖いちごとクリーム
❖ケーキ各種

❖バニラ、レモン、ストロベリーアイスクリーム
❖レモン、オレンジシャーベット
❖ホックハイマー、リューデスハイマー、ブラウンベルガー（ビール）
❖シャトー・マルゴー、シャトー・ラフィット、サン・ジュリアン（ワイン）
❖G・H・マム・カンパニーのドライ・ヴェルズネイ、エドシック（シャンパン）
❖モエ・エ・シャンドン・グリーンラベル、ヴーヴ・クリコ（シャンパン）
❖シャンパン・フラッペ
❖シェリー・コブラー、クラレット・パンチ、カトーバ・コブラー（カクテル）、レモネード[1]

プルマン自身はほとんどアルコールを飲まなかったが、客が好むことは知っていた。そこで必ずシェリー・コブラーなどの流行のカクテルやシャンパンを潤沢に用意した。もしかするとそのせいだったのかもしれないが、周遊旅行の記事は例外なく好意的だった。

プルマンの事業は成長し、1867年にはプルマン・パレス・カー社として認可された。タイミングは完璧だった。派手な消費、見せびらかし好き、つましい生活スタイルの蔑視を象徴する「金ぴか時代」が始まっていた。当時の平均的な家庭の年収は400ドルに届かず、どう考えても裕福とはいえない。けれども、プルマンの客は平均的なアメリカ人ではない。彼らは国境を越

えて旅をする裕福な旅行者や実業家で、南北戦争後の産業化により富を築き上げていた。豪華な旅をして、いかに自分が成功したかを世間に見せびらかしたくてしかたがなかったのだ。

同年、プルマンはさらに新しい車両――ホテルカー――を考案し、カナダのグレート・ウェスタン鉄道でサービスを開始した。名前からわかるように、ホテルカーは高級ホテルのサービスすべてを列車内で提供するものである。のちに、作家のヘンリー・ジェイムズはプルマンの客車を「走るホテル」、ホテルを「動かないプルマン」とたとえた。[2] ホテルカーは寝台車と同じくらい豪華であるのにくわえて、食事のサービスがついていた。プルマンが「プレジデント」と名づけた初代のホテルカーは長さが約18メートル、幅約3メートルで、およそ1×2メートルの厨房に石炭のコンロがあり、それ以外に食料の貯蔵庫、冷蔵庫代わりの氷の箱、ワイン収納庫が備えられていた。そこへ料理人ひとりと、ポーター兼ウェイターひとりがついた。

日中、乗客は通常の客車のように座席で過ごす。食事時間になると、座席のあいだにテーブルが置かれて陶磁器、グラス、銀食器がセットされる。テーブルクロスやナプキンはいつも真っ白だったといわれている。食事が終わるとテーブルが片づけられる。夜になると座席がたたまれて下段の寝台になり、頭上に収納されていた上段の寝台が広げられる。1867年6月1日のデトロイト・コマーシャル・アドヴァータイザー紙にはこうある。

プルマン氏のすばらしい功績は、彼の事業の成功が示すように、コンロを含む厨房を列車内に持ち込んだところにある。あらゆる種類の肉、野菜、焼き菓子が、流行最先端のスタイルで車内で調理できるのだ。[3]

ほとんどの乗客は、時速50キロで移動するあいだに食事がとれると大喜びし、食事の質にも感心した。メニューの最初は、牛タン、チキンサラダ、ロブスターサラダ、シュガー・キュアード・ハムなどの冷菜である。厨房の狭さを考えると冷菜は都合がよかったとはいえ、まだ冷蔵庫がない時代だったため、氷の上で保冷されていた。温かい料理にはビーフステーキ、マトンチョップ、ハムなどがあり、じゃがいもが添えられた。ほかに、ウェルシュ・ラビット（チーズをのせたトースト）、ゆで卵、目玉焼き、スクランブルエッグ、プレーンまたはラム酒入りオムレツなどもあった。当時の高級レストランで出されるものというよりは家庭料理のようだが、質は上々で選択肢が多いと乗客に高く評価された。

1869年にニューヨークからサンフランシスコまでアメリカを横断したロンドン・デイリー・ニューズ紙の記者、ウィリアム・フレイザー・レイは、ホテルカーでの体験をほめちぎっている。

初めてのホテルカーは、旅人にとって忘れられない旅になる。まるでホテルのようなプルマンの客車なら王族でも満足できるはずだ。（中略）決められた時間になると、注文を受けるために車掌がやってくる。乗客は献立から好きなものを選ぶ。

メニューは多彩だ。パンが5種、冷製肉料理が4種、温かい料理が6種、卵の調理方法が7種もあるのはむろんのこと、季節の野菜やくだものがふんだんにあって、好みにうるさい人でも口に合うものが見つかり、大食漢の食欲も満たしてくれる。[4]

ホテルカーで食事ができるのはその車両の乗客だけである。それ以外の客車に乗っている場合は、自分で食べものを持ち込むか、停車駅で買わなければならない。レイは若干のシャーデンフロイデ、すなわち優越感についても述べている。「ほかの客車の乗客が休憩をする駅に着くなり飛び出していって、まずい料理を大急ぎでかき込まなければならないと考えると、愉快でもある」[5]

差別はないといいながらも、アメリカの鉄道の乗客は明らかに各国と同じように、階級また人種によって分け隔てられていた。一部の路線では、黒人の乗客が別の車両、ともすれば荷物車に乗せられることもあった。南部の州では駅の待合室も別々だった。

ホテルカーの乗客は、寝台車と同じく、通常の運賃に追加で2ドルを支払った。また、食事は別料金だった。ほとんどの客は、停車駅の食事の質を考えればそれでも価値があると感じていた。『渡し船 *Across the Ferry*』の著者でイギリス人作家のジェイムズ・マコーリーは、1871年にナイアガラの滝からシカゴまでホテルカーに乗車したときのことについて次のように記している。

品書きはイギリスの多くのホテルと比べても種類が豊富で、ラムチョップあるいはマトンチョップとトマトソースで75セント、新鮮なサバが50セント、ハム入りオムレツが40セント、若鶏が1ドルと、金額もそこそこだった。野菜、くだもの、薬味の選択肢も多く、ワインもリストに5～6種類ならんでいた。フレンチ・コーヒー、紅茶、ココアが15セントだった。[6]

ホテルカーの客のほとんどは、車両はセンスがよく、上品で、食事がとてもおいしいと高く評価した。だが、当然のことながら、不満を述べる客もいた。ホテルカーでは、ときに何昼夜もかかる長旅のあいだずっと同じ客車に座り、寝て、食べる。そのため悪臭、退屈、ほかの客のマナーや不潔さに対する苦情が出た。マコーリーの言葉を借りれば、「望ましくない人物と隣り合わせになって、長時間を過ごさなければならないこと」もあったのである。[7]

揺れる列車内の食事で車酔いする人もいた。汽車の旅が始まったばかりの昔、乗客は衣類にすすがつくといって不満を述べていたが、今度は食事にすすが飛んでくるのを見て眉をひそめた。料理をほめる人は多かったが、厨房が狭く窮屈だったため、メニューにはかぎりがあった。プルマンのデルモニコの夢はまだ実現していなかった。

食堂車

ホテルカーの登場から1年後の1868年、プルマンは食堂車を披露して「デルモニコ」と命名した。食堂車は厨房と食事室が設けられた独立車両で、まさにレストランのようだが、客が

19世紀の終わりごろ、食堂車は鉄道の大きなセールスポイントだった。
米議会図書館蔵。

食事を楽しんでいるあいだに線路の上を疾走する。製造に2万ドルの費用がかかったデルモニコは、イリノイ州のシカゴとスプリングフィールドのあいだを走るシカゴ・オールトン鉄道で運行した。

特許の申請で、プルマンはそれを移動式ダイニングサロン兼レストランと呼んでいる。厨房は車両のなかほどにあり、両側にダイニングエリアがあった。厨房を中央に配置した理由についてプルマンは、「列車がどちらの方向に進んでも、少なくともダイニングエリアの半分は厨房より前方になり、調理のにおいは風で後方へと運ばれるため、においが気にならない」と述べている。また、ダイニングエリアがふたつあれば、ほかの客車からの移動が容易になる。食堂車が列車の中央にあれば、前方の客は前方のダイニングエリア、後方の客は後方のエリアで食事ができる。もっとも、車両の中央に置かれた厨房はあまり利便性がよくなかったようだ。その後の食堂車では厨房は真ん中ではなくどちらかの端に配置されている。

デルモニコの厨房はおよそ2・4メートル四方で広くはなかったが、ホテルカーのものよりは格段に大きくなり、水のタンク、流し、コンロ、調理台、食品貯蔵棚が備えられていた。車両の下部には、プルマンがいうところの「巨大冷蔵室と食料庫」があった。冷蔵室は実際には氷の入った大きなクーラーボックスで、食料庫には肉、くだもの、野菜などの食品が収納されていた。厨房には直接外へ出られるドアがあり、駅で車両内を行ったりきたりしなくても食材を補給することができた。トイレと洗面所は食堂車の両側に備えつけられていた。

食堂車は合計48席で、それぞれのダイニングエリアに4人がけのテーブルが6つあった。ダイ

厨房の大きさにはかぎりがあったが、鉄道の料理人は当時にしてはすばらしい食事を作っていたという。米議会図書館蔵。

ニングエリアの座席の仕切りは鏡張りの戸棚になっており、プルマンがいうところの「テーブルの調度品」、すなわち、テーブルクロスなどのリネンや銀食器が収納されていた。[8]

食堂車の人員確保

食堂車が登場すると、車掌やポーターの兼務ではもはや手が足りず、専用のスタッフが必要になった。デルモニコでは、料理人ふたりとウェイター4人が1日に250食を提供していた。[9]やがて、汽車や食事の内容によってはスタッフが12人を超えるようになった。サービスすべてを監督する給仕長、副給仕長、料理長がそれぞれひとり、料理人が3人以上、ウェイターが多いときには10人である。プルマンは解放されたばかりの個人宅の奴隷を雇って人員問題を解決した。彼らはサービスの経験があり、またそれに長けてもいた。おそらく乗客に対しても礼儀正しく丁寧に接するはずだとプルマンは考えた。そのうえ、解放されたばかりで仕事を探していた彼らは、安い賃金で雇うことができた。プルマンの策は差別的だったが、よい結果ももたらした。プルマンの会社は国内で最多の黒人従業員を抱えることになったのである。黒人社会では、プルマン社での仕事は安定した雇用、各地への移動、周囲からの尊敬のまなざしを意味した。プルマン社の制服を着ることが誇りになった。それでもやはり、彼らの賃金は不当に安く、当時の水準に照らしてもなお労働時間は長かった。[10]

ニューヨーク・タイムズ紙の１８８６年2月6日の記事には「一般的な印象として、プルマン車両の労働者は仕事なりの賃金を得ているように見える」とある。けれども、と記事は続く。「実際にはまったくそうではない」。記事によれば、ニューヨークからシカゴへ向かう列車では、ポーターは休憩なしで37時間働かなければならない。賃金は月額わずか19ドルで、そのなかから自分の食事、制服、帽子代を支払う。たいていの場合、制服は年に2着必要で、それぞれが18ドルだ。低賃金は客からのチップで補われるというのが一般論だった。だが、当然のことながら、だれもが気前よくチップを払うわけではなく、まったく払わない客もいる。くわえて、労働者は自分のミスだけでなく客が原因の損害も弁償しなければならなかった。乗客がプルマンの名が入ったくしや灰皿を持ち去れば、それが不注意であれ故意であれ、そのとき勤務していたポーターやウェイターが代金を支払わされた。乗客がグラスを割れば、ポーターやウェイターが弁償した。労働者に不満を訴える権利はなかった。[11]

食堂車の乗務員を見下す乗客もいた。奴隷制度の時代には、個人が親から授かった名前ではなく、奴隷を所有者の名で呼ぶ習慣があった。プルマン車両のスタッフにもその慣行が引き継がれた。プルマンのファーストネームはジョージであることから、多くの客はひとりひとりの名前を確認しようともせず、ポーターやウェイターをみな「ジョージ」、あるいはそれ以外のよくある名前で適当に呼んだ。１９１８年、13歳だったエレン・ダグラス・ウィリアムソンは、家族とともに、アイオワ州のシーダーラピッズからカリフォルニアまでプルマン列車に乗った。彼女の日記には、無邪気にこう書かれている。

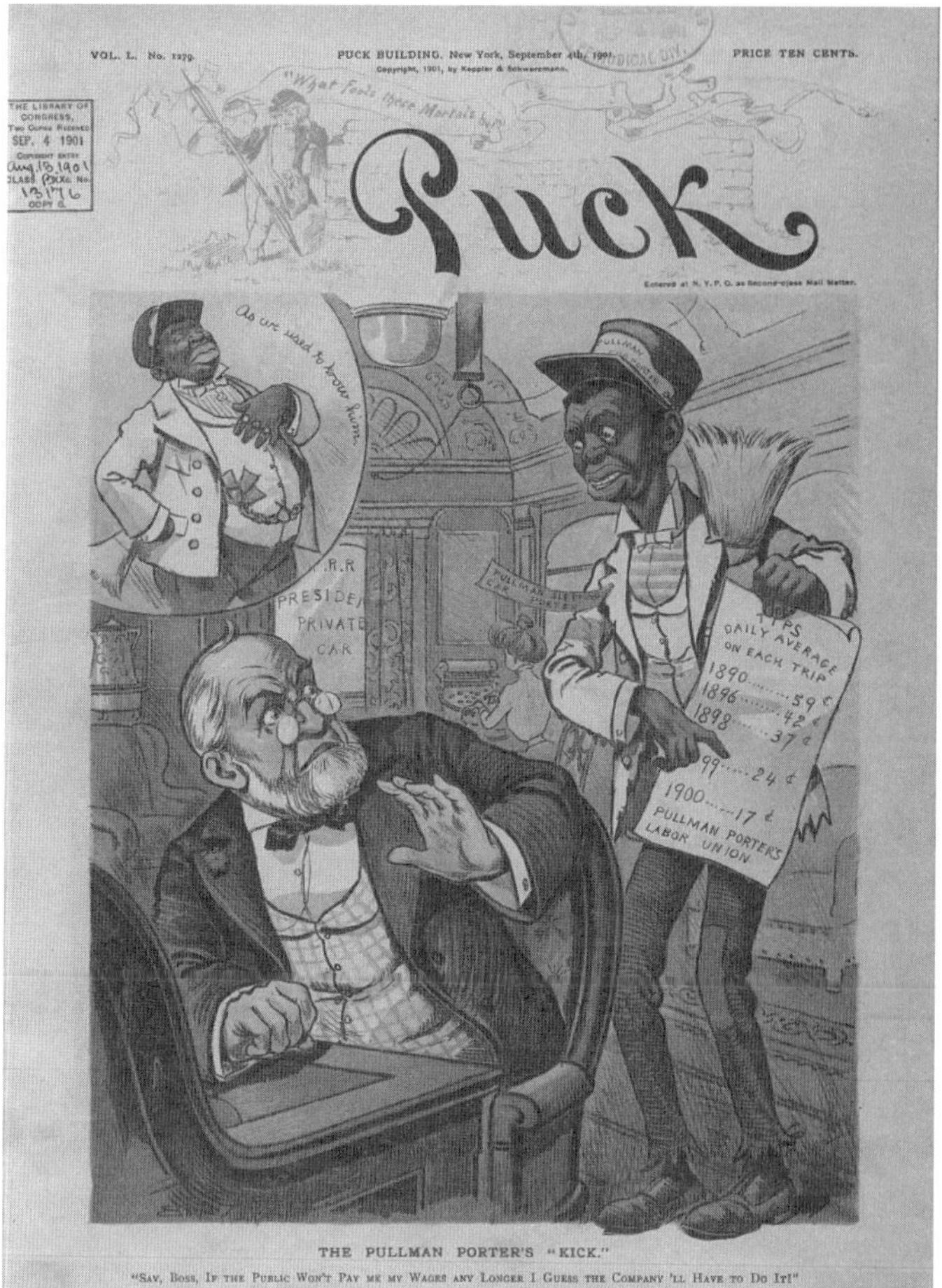

風刺雑誌のパック誌に載せられたこの1901年のイラストでは、やせたプルマンのポーターが鉄道会社の社長に向かっていかにチップが減ったかを示し、定額の給料を求めている。丸枠内の太ったポーターは、チップがはずまれた古きよき時代の姿を表している。米議会図書館蔵。

もうひとつ不思議なことに、プルマンのポーターは、前の旅から顔見知りだった場合をのぞいて、みなジョージと呼ばれています。彼らも、食堂車のウェイターもいつも黒人です。彼らほど親切で、礼儀正しく、愛想のよい人たちに出会ったのは初めてです。[12]

何年ものちに、20世紀半ばの鉄道愛好家で作家のルシアス・ビーブが、大人の言葉で同じ慣行について述べている。

彼は客の思いつきでジョージ、フレッド、ヘンリーなどと呼ばれ、すべての客車にある担当者の名前カードが参照されることはほとんどなかった。同じアメリカ国民であるのに。知識が豊富で臨機応変、そして忍耐強いプルマンのポーターは、アメリカの伝説として長い道のりを歩んできたのだ。[13]

きちんと彼らに敬意を払う乗客は、一目置かれ、感謝された。１９５０〜１９６０年代の有名なコメディアン、ジャッキー・グリーソンはポーターたちの人気者だった。１００ドルものチップを与え、個人専用車でいつもパーティームードだった彼は、なによりも従業員をひとりの人間として扱うことでよく知られていた。いつもそれぞれの名前で呼び、「ジョージ」とひとくくりにすることはけっしてなかった。[14]

たいていの場合、給仕長と料理長は白人で、アシスタントの料理人とウェイターは黒人だった。ときには、黒人が料理長になり、なじみのあるお気に入りの料理をメニューにくわえることもあった。歴史学者のジェシカ・B・ハリスは著書『ごちそうアフリカ系アメリカ人の伝統料理 *The Welcome Table*』で、パイナップル・フリッターやピーナッツクリームスープなど、乗客が喜ぶ南部の黒人料理は、そうして食堂車のメニューに仲間入りしたのだと述べている。

なかには頻繁に列車を利用する客に気に入られて、名を知られるようになったシェフもいる。プルマンの料理長ジェイムズ・コパーは、イグナツィ・パデレフスキのお気に入りだった。その有名なピアニストはツアーのたびに自分の専用車の料理人にコパーを指名した。1928年にコパーが引退したとき、ニューヨーク・タイムズ紙は「パデレフスキのシェフ、プルマンを退職。25年にわたってツアー中の音楽家の食事をまかなってきた大物シェフが年齢を理由に引退」の見出しでそれを報じた。そこには、コパーは自分の仕事に誇りを持っており、「パデレフスキが音楽のアーティストなら、コパーはさしずめ食のアーティストだろう」と記されている。記者の名前はわからないが、彼はコパーのフルネームを用いているだけでなく、彼を「料理の王様」と呼んでもいる。[15]

デルモニコのディナー

デルモニコとそれに続く各社の食堂車は、高級ホテルやレストラン並みの品質で分量もたっぷりある料理を出していた。ディナーのメニューは、定番のカキからジビエ、新鮮な魚、ローストいろいろな野菜など80種類にのぼることもあった。締めくくりはシャーベット、ケーキ、くだもの。飲みものにはシェリー、フランス産ワイン、シャンパン、マデイラのほか、ボトル入りミネラルウォーターもあった。

テーブルには、会社のロゴや地方をテーマにした柄など、各鉄道路線に合わせてデザインされた陶器がならんだ。ボルティモア・オハイオ鉄道の青と白の食器はポトマック渓谷がモチーフになっていた。グレート・ノーザン鉄道の食器には、マツの木の上にそびえ立つ絶壁と、そのてっぺんにいる同社のマスコット、ロッキーマウンテンヤギの「ロッキー」があしらわれていた。1930年代後半のアッチソン・トピカ・サンタフェ鉄道では、先住民族ミンブレスのアートをたたえて、ミンブレーニョと呼ばれる柄が用いられていた。食堂車の銀製のナイフやフォークには鉄道の名称とその紋章やロゴが刻まれていることが多かった。グラスは高級クリスタルで、同様に、どの鉄道のものであるかがすぐにわかるような紋章や、特定のデザインが彫りつけられていることもあった。[16]

ぜいを尽くした雰囲気に合わせるように、食事の時間になると、笑顔のウェイターが、ベルというよりは小型の木琴のようなディーガンのハンドチャイムをド・ファ・ラ・ドとやさしく奏で、食堂車が開いたことを知らせた。

食堂車のサービス、装飾、料理はどれも絶賛された。ニューヨーク・タイムズ紙の記者は、

1869年に、中西部ネブラスカ州オマハからサンフランシスコまでアメリカを横断する旅で、2台のプルマン・パレス・カー（食堂車と寝台車）に初めて乗ったときのことを熱く語っている。記者いわく、プルマンは「ほかの人間がなしえないような方法で、鉄道の旅を芸術のレベルにまで持ち上げ」た。客車の名前の由来となったニューヨークの有名レストランを所有するデルモニコ氏その人でもこの料理にはかなうまい。「ああ、美食の女神よ、この気持ちをうまく表現できる言葉をわたしに与えたまえ！」

それから記者は、最初の晩のディナーの目玉は「定番にくわえて、最初の肉料理が」アンテロープ（ウシ科の動物）のステーキで、「これを食べたことがないのに自分はグルメだなどと言ってはいけない。これ抜きに食は語れない」と説明している。それ以外にも渓流で獲れるおいしいトラウトや、「ほかでは味わえないピカント」ソース（サルサ）など、たくさんの料理が出されたという。そして、それらがみな「なみなみと注がれたシャンパン」で胃袋に押し流された。旅が進んでから、記者はこう語っている。「27分で27マイル（約43キロ）進んだが、なみなみと注がれたシャンパンは1滴もこぼれていない！」[17]

1875年11月30日のニューヨーク・コマーシャル・アドヴァータイザー紙の記事も熱く語っている。「プルマンは（中略）デルモニコ氏を不安にさせるほどの献立を作り、それを提供することに成功した」[18]

ディナーを豪華と評するなら、朝食も負けず劣らずボリュームがあった。イギリスの作家T・S・ハドソンは、1882年に刊行された著書『アメリカを駆け抜ける旅 *A Scamper through*

America』で、オハイオ州シンシナティから西へ向かう汽車の朝食メニューについて触れている。

ご朝食

ご朝食をご用意いたしました。一等車スタイルは75セントでございます。
本汽車には食堂車がございます。どうぞご賞味、ご堪能くださいませ。
この新しい「旅の暮らし」はきっとお客様のお気に召すことと存じます。

ご朝食メニュー

❖イングリッシュ・ブレックファースト紅茶。フレンチコーヒー。ココア。冷たい牛乳。
❖【パン】フランスパン。ボストン風全粒粉のパン。コーンブレッド。温かい丸パン。プレーントースト、フレンチトースト、バターを塗ったトースト。
❖【グリル】テンダーロインステーキ、プレーンまたはマッシュルーム添え。若鶏。マトンチョップ。子牛肉のカツレツ。サーロインステーキ。シュガー・キュアード・ハム。
❖ジビエ（シーズンのみ）
❖カキ（シーズンのみ）
❖【焼きもの・揚げもの】子牛のレバー・ベーコン添え。カントリーソーセージ。トラウト。


❖【卵】目玉焼き。スクランブルエッグ。オムレツ。プレーン。

❖【薬味】ラディッシュ。チャウチャウ（酢漬けの薬味）。フレンチマスタード。ウスターソース。カラントのゼリー。種々のピクルス。ホースラディッシュ。トマトケチャップ。くるみのケチャップ。

❖【野菜】煮込んだじゃがいも、フライドポテト、ゆでたじゃがいも。

❖【くだもの】りんご。オレンジ。


ハドソンはタイムズ紙の特派員ほど大げさな表現は用いず、さらりと述べた。「車内で調理されたおいしい朝食をいただいた[19]」

地元料理

鉄道の多くは高級料理を出すことにくわえて、地元の産物や名物料理の提供でも注目を集めた。初めて西部へ旅する客なら、バッファロー、アンテロープのステーキ、キジ、キジオライチョウ、オオツノヒツジを口にすることになったかもしれない。東海岸なら、ニューイングランドのクラムチャウダー、ボストンのベイクドビーンズだろう。ペンシルヴェニア州の路線では、豚肉の切れ端やとうもろこし粉などを混ぜ合わせて固め、薄く切ってフライパンで焼くフィラデルフィアのスクラップル、スパイスをきかせた豚肉、コーンミールソーセージ、そしてペンシルヴェニア・ダッチの定番、糖蜜のシューフライパイが出てきた。ミシガン・セントラル鉄道は、ミシガン湖の白身魚や、新鮮な地元の牛乳で作られたにちがいないアイスクリーム。サザン・パシフィック鉄道はカリフォルニアのサンドダブ（ヒラメの一種）。ボルティモア・オハイオ鉄道はコーンブレッドとカントリーソーセージの朝食でよく知られていた。

ノーザン・パシフィック鉄道はじゃがいもで一躍有名になった。１９０９年、同社の重役だったヘイズン・タイタスは、ワシントン州ヤキマヴァレーのじゃがいも農家が、大きすぎて売れないじゃがいもを豚のエサにしているという話を耳にした。そこで彼は何度か実験を試みた。すると、1個がおよそ９００グラムもあるじゃがいもを2時間オーブンで焼くと、これまで食べたこともないような、ふわふわで口当たりの軽いベイクドポテトができるとわかった。タイタスはそれを「巨大ベイクドポテト」と名づけて、旅客列車ノース・コースト・リミテッドのメニューに載せ、ひとり分10セントの値段をつけた。巨大ベイクドポテトはまたたくまに大ヒットとなり、同鉄道の名物料理になった。その後何年ものあいだ、同鉄道は、はがきからエプロンにいたるまでのポテトグッズを販売し、食堂車を支援する「巨大ベイクドポテト応援クラブ」を作って会員証まで発行した。１９１４年、タイタスは、シアトルにある補給基地の上に、長さ12メートル、直径5・5メートルのじゃがいもを据えつけた。夜になるとライトアップされるその顔のあるじゃがいもは、ウインクをして、てっぺんについている平たいバターを光らせていた。[20]

列車によっては、ボトル入り飲料水も地元産だった。いつのものかはわからないが、19世紀末から20世紀の初めにかけて中西部からフロリダで運行されていた旅客列車ディクシー・フライヤーの朝食メニューには、車内で出される水についての記述がある。「当列車では、テネシー州ホワイトブラフにあるハイランドクラブの有名な水源から届けられた、ハイランドクラブ・ウォーターを提供しております。この水は1ガロン（3・8リットル）に固形物が0・97グラムしか含まれておらず、細菌の少ないきれいな水と認定されています[21]」

列車内で出されていたのは地元の産物だけではない。綿花生産地帯を通り、「コットンベルト・ルート」とも呼ばれていたサウスウェスタン鉄道のメニューには、ボストンのベイクドポテトやイギリスのプラムプディングも載せられている。アッチンソン・トピカ・サンタフェ鉄道にはメリーランド風若鶏があり、ミシガン・セントラル鉄道はボストン風全粒粉のパンを出していた。

19世紀終わりごろの駅レストランと食堂車の両方で定番だった料理もある。カキは生、焼いたもの、シチュー、ロースト、「ハングタウンフライ」として知られるオムレツの具、「ポーボーイ（貧しい少年）」サンドイッチに入れる揚げものなど、シーズン中はいつでもどこでも食卓に上がった。19世紀、カキの人気は最高潮に達していた。朝食、昼食、夕食を問わず、地下の酒場、屋台、ボストンの有名なユニオン・オイスター・ハウス、[22]ニューヨークにあるレストランのデルモニコスなど、ありとあらゆる場所でカキが出された。沿岸部から内陸の都市への輸送が難題だったが、1898年になって、カンザスシティ・サザン鉄道の創業者だったアーサー・E・スティルウェルが、スティルウェル・カキ専用車を考案して特許を取った。プルマン社が製造したその車両には、6つの輸送タンクが設置されている。カキは車両上部にある開口部分から、海水が入ったタンクに投入された。列車が目的地に到着すると、側面にある管から降ろされた。1898年8月16日、シカゴ・トリビューン紙は以下のように報じている。

アメリカの真ん中でジューシーな二枚貝の生息地から遠く離れて暮らしている美食家もようやく、ここが沿岸部かと勘ちがいするほど新鮮なカキを食べられるようになった。（中略）この試みはたいそうな成功を収めたことから、じきに全米の鉄道各社が導入するようになって、近い将来にはどこの家でも新鮮なカキが食卓にのることだろう。[23]

だが、それが問題だった。カキの人気があまりにも高かったために、東海岸でも西海岸でも、カキ床がほとんど枯渇してしまったのである。カキの供給は乏しくなり、価格は上昇した。現在は21世紀の養殖技術で戻りつつあるとはいうものの、昔ほど量は多くなく、求めやすい値段でもない。

アオウミガメのスープも19世紀のホテル、レストラン、鉄道の人気メニューだったが、その結果、ウミガメが絶滅危惧種になってしまった。アオウミガメは大きく、下ごしらえが面倒だったため、レシピの多くは生ではなく缶詰のカメ肉を使うよう勧めている。フランスの伝説のシェフ、エスコフィエさえも著書『エスコフィエ・フランス料理の真髄』〔末吉幸郎訳。小野正吉監修。三洋出版貿易。1974年）で、でき合いのスープを買うほうが簡単だと述べている。[24] 代用ウミガメスープはアオウミガメの代わりに子牛の頭を使う。ジョン・テニエルが描いている『不思議の国のアリス』の挿絵で、ウミガメモドキに子牛の頭とうしろ脚、それに尾がついているのはそのためだ。けれども、ウミガメモドキが「すてきなスープ、こくがあって緑色、おなべのなかで待っている」と歌うとき、そこでほめそやされているのは代用ではなく本物のウミガメスープである。

食堂車で地方の料理を味わうことができるという評判だったにもかかわらず、結局のところ、全米で食の均質化を進めてしまったのは鉄道だった。すばやく国中に食料を輸送することができる鉄道は、アメリカ国民の食卓から季節感と地産地消を消し去ってしまった。鉄道がカリフォルニアの産物を東海岸に運び、フロリダのオレンジを各家庭に届けた。北部の州は夏までいちごやトマトを待たなくても、いつでも食べられるようになった。鉄道のおかげで、さまざまな種類の食べものが求めやすい価格で手に入るようになったことはまちがいない。利便性と入手しやすさは格段に上がった。けれどもその代償として、風味が失われ、家族経営の農場が減ってしまった。時の流れとともに、鉄道は農業を一大ビジネスに仕立て上げる一端を担ったのである。

大陸横断鉄道

1869年、デルモニコのデビューからわずか1年後、ユニオン・パシフィック鉄道とセントラル・パシフィック鉄道の線路がユタ州プロモントリー・サミットでつながって、記念として大きな黄金の釘が枕木に打ち込まれた。アメリカ初の大陸横断鉄道が完成したのである。ようやく貨物、出張者、旅行者は、はるばる東海岸のニューヨークから西海岸のカリフォルニアへと、鉄道で移動できるようになった。長距離移動がかつてないほど速く、楽になった。それはつまり寝る場所と食べる場所を提供する車両が以前よりも多く必要になるということだった。鉄道各社は喜んで食堂車を増やしたにちがいないと思うだろう。たしかに機は熟していた。食堂車は報道機関や実際の利用客から賞賛を浴びていた。1868年8月、ハーパーズ・ウィークリー誌は断言した。

移動時間の短縮を求める声が大きくなるにつれて（中略）ランチのための駅の停車が見送られるようになってきた。「ウィルミントン、休憩のために15分停車いたします」という声はもはや聞かれることはなく、乗客は汽車が時速80キロで走るあいだ、スープ、魚、肉、クリコット〔シャンパン〕、コーヒーを楽しむ。[25]

食堂車を持っている鉄道にとって、それは大きなセールスポイントだった。1869年にはすでに、シカゴ・ロックアイランド・パシフィック鉄道が「シカゴ・オマハ間で（中略）食堂車を保有している唯一の鉄道」と食堂車を誇示する広告を出していた。[26]ほかの鉄道も、寝台車、食堂車またはビュッフェ、もしくはその両方を宣伝する広告を掲載した。高品質ですでに知られていたプルマン製の車両であることがことさら強調されることもしばしばだった。

けれども、乗客や報道陣に好評だったことを受けて、鉄道の杜主が食堂車の導入に前向きだったのかと問われれば、答えはノーだった。実際、鉄道会社同士で、たがいに食堂車の導入を見合わせようと示し合わせていたほどである。1881年、シカゴ・バーリントン・クインシー鉄道、アッチソン・トピカ・サンタフェ鉄道、ユニオン・パシフィック鉄道は、たがいに食堂車あるいはホテルカーを路線に導入する場合には必ず半年前に知らせるという協定を結んだ。しかしながら、新参のノーザン・パシフィック鉄道はその協定には参加しなかった。1883年にミネソタ州ダルースとオレゴン州ポートランドを結ぶ路線が完成すると、同社は食堂車を走らせた。翌年、シカゴ・バーリントン・クインシー鉄道が協定を抜けた。1891年までには、乗客の獲得競争で負けないよう、西部の大陸横断路線はみな食堂車を導入せざるをえなくなっていた。[27]

鉄道会社が二の足を踏んでいたのは、食堂車は製造にも運行にも多額の費用がかかるためだった。普通の客車なら、たとえ派手に装飾を施しても、基本的には座席のついた箱である。けれども食堂車には特別な設備と調度品が必要だ。厨房本体にくわえて、コンロ、グリル、氷で冷やす冷蔵庫、食品を貯蔵するスペース、調理器具やサービスの備品、それからもちろん食品と飲料がいる。ダイニングエリアには、テーブルやイスはむろんのこと、特別にデザインされた陶器、グラス類、銀製品、テーブルクロスなどのリネン類のコストがかかる。乗客はダイニングエリアが美しく飾られていることを望んでいるのだから、内装を仕上げるために腕の立つ木工職人や芸術家を雇わなければならない。くわえて、金を払ってくれる乗客がその車両に乗っているのは食事どきだけで、それ以外の時間は収入にならない。車両そのものは重量が80トンもあり、19世紀末の価格で普通車両の価格の3倍、1万5000ドル以上の費用がかかった。豪華なデルモニコなら2万ドルである。陶器、リネン、その他の設備にさらに1万2000ドル。[28] 低賃金とはいえ、スタッフにかかる費用もばかにならなかった。[29]

ディナーの価格はたいてい75セントから1ドルくらいで、当時のホテルやレストランとほぼ同じである。客がアラカルトを注文して合計金額が多少増えたとしても、それだけではコストをまかなえなかった。駅の休憩所ではなく食堂車を利用したがるのは一等車の客だったことから、鉄道各社は否応なしに顧客の要望に応える必要があった。くわえて、1880年代までには汽車が以前より高速になり、十分な食事時間を取れるように駅の停車時間を調整することが次第に難しくなっていた。結局、鉄道各社は、駅に新しいダイニングエリアを建造するのではなく、食堂車の購入を選んだ。食堂車の導入に関して2社と協定を結び、駅レストランのハーヴィー・ハウスとつながりがあったために渋っていたアッチンソン・トピカ・サンタフェ鉄道までもが、最後には、フレッド・ハーヴィーがまかなう食堂車の導入に踏み切った。ハーヴィーの名前はいつも目立つようにメニューに書いてあった。1899年11月9日のランチメニューには大文字で次のようなメッセージがはさまれている。「不行き届きがございましたら、ミズーリ州カンザスシティ、ユニオン駅、フレッド・ハーヴィーまでお知らせください」[30]

ご昼食

❖ポタージュ・サン・ジェルマン
❖クレソン
❖ラディッシュ
❖ヴィルロワ風シビレ（子牛や子羊の膵臓や胸腺）
❖若鶏のメリーランドスタイル
❖【冷製肉料理】ローストビーフ、ハム
❖輸入サーディン
❖ウェルシュ・ラビット
❖ポテト・ペルシヤード　または　ベイクド・スイート
❖エンダイブのサラダ
❖クリーム・キャラメル（カスタードプリン）
❖チョコレート・エクレア
❖ブリー・チーズ
❖焼きクラッカー
❖コーヒー

手間暇をかけた食堂車の時代がすでに始まっていた。鉄道各社は当初は不本意だったにもかかわらず、輪をかけてエレガントな、仰々しいほどの車両を作り、豪華な料理を出した。膨らむ損失は事業の代償とみなされるようになった。鉄道の所有者は、乗客、なかでも実業家がすばらしい食事とサービスに感心すれば、自分の鉄道に信頼を置くようになり、貨物など別の取引をしてくれるだろうと考えていた。つまり、損失を宣伝代と見なしたのである。

損失額は膨大だった。スミソニアン研究所の交通部門で学芸員を務める歴史学者のジョン・H・ホワイトは著書『アメリカ鉄道の客車 *The American Railroad Passenger Car*』で、1887年に食堂車がもたらした赤字額は月額およそ100～600ドル、鉄道会社によっては年間2万ドルもの損失を被っていたと述べている。[31]

革新

1883年、食堂車が閉まっている食事時間の合い間に乗客が軽食をとれる場所を作ろうと、プルマンはビュッフェカーを登場させた。初期のビュッフェカーは喫煙車とラウンジのあいだにあって、コーヒーと紅茶、カキのシチュー、ゆで卵、冷製チキンなどの軽食を提供していた。特別客車であるパーラーカーのなかにビュッフェコーナーを設置し、同じような食べものを出すこともあった。ビュッフェは食堂車の代わりではなく、食堂車を補うことが目的だった。それでも、

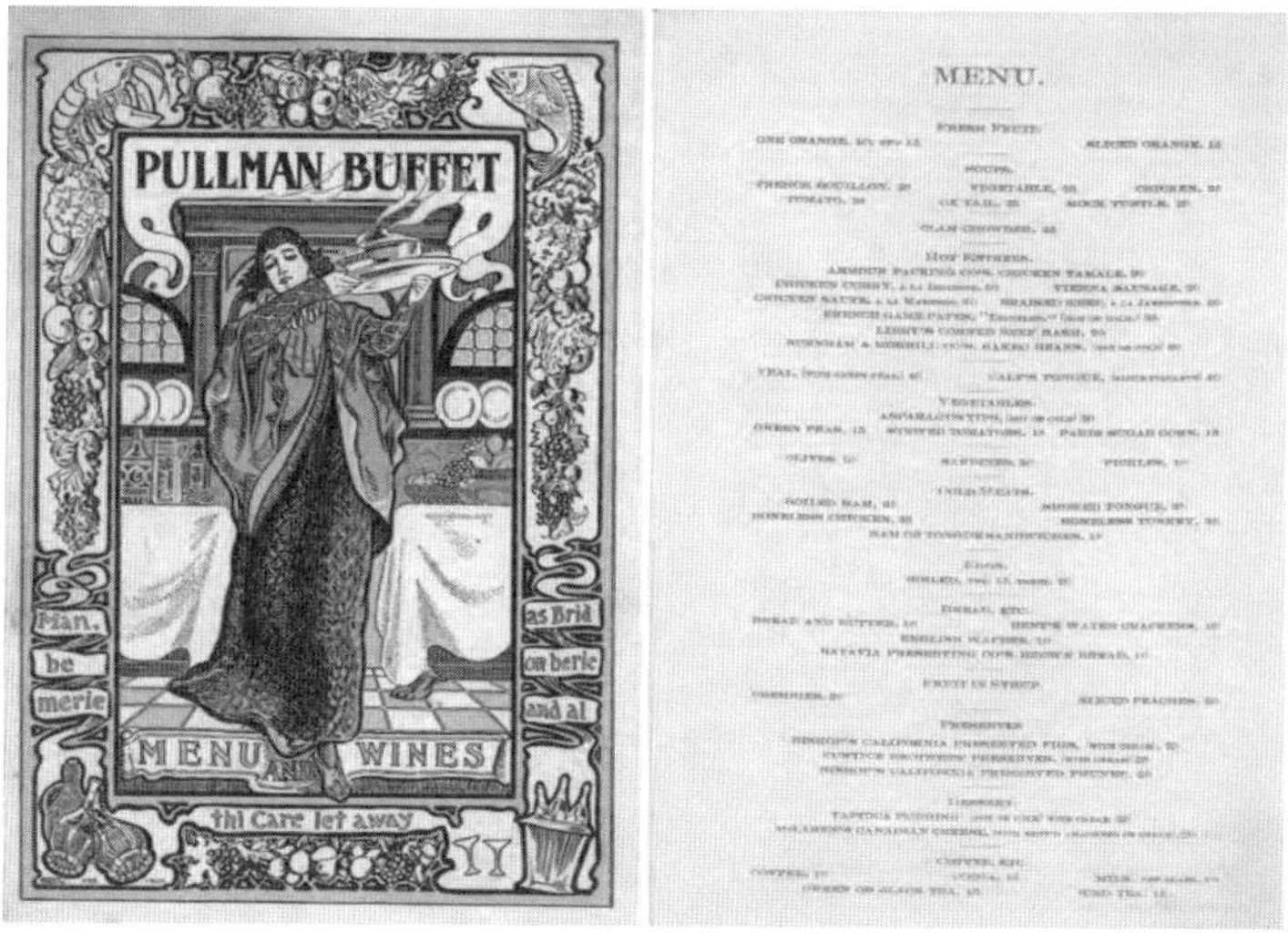

1901年のプルマン製ビュッフェカーのメニュー。当時の優雅なようすがよく表れている。ウィスコンシン歴史協会蔵。

食堂車のフォーマルなコースメニューではなく、気軽な食事を好む乗客もいる。時が経つにつれて、ビュッフェカーの数は食堂車より多くなった。鉄道会社にとっては、食堂車よりビュッフェカーのほうがスタッフの人数や維持費を抑えられるという利点があった。

1887年にはもうひとつ、間接的に食堂車にも関係する改善が行われた。当時、走行中の汽車で座席のある客車から食堂車まで歩いていくことには危険があった。天気が悪ければなおさらである。長年にわたって、鉄道会社は客車の連結部分を安全かつ歩きやすいようにしようとさまざまな試みを行っていたが、どれも完璧とはいえなかった。やがて、プルマン社のシカゴ工場長だったヘンリー・ハワード・セッションズが、外に出なくても通れる連結部分を考案して特許を取った。それによって乗客は不安を感じることなく客車から食堂車まで移動できるようになった。長旅のあいだ、ひとつの場所でじっとしていなくてもよくなったのである。命と手足を危険にさらすことなく、図書室へ出向いて本を読み、ラウンジでほかの乗客との会話を楽しみ、床屋でひげを剃ってもらうことができた。プルマン社は連絡通路のある列車の安全性を宣伝した。そのひとつでは、「乗客に快適さと安全をもたらすだけでなく」清潔という利点ももたらすとうたっている。「扉を開けたとたんに煙と灰がたくさん混ざった風が吹き込むことはもうありません」[32]。連絡通路のある列車はすぐに一等車の旅のセールスポイントになった。ライターのモーゼス・キングは次のように書いている。

透明で大きなガラス窓から移りゆく景色を見るのに飽きたら、安全な連結通路を歩いて、図書室のある車両へ出向くのもよい。本棚には本や雑誌がならべられ、手紙や電報を書きたい人のために筆記用具を備えたデスクもある。列車には、喫煙者がくつろげるラウンジもあり、そこでほっと一息つくためのたばこを買うこともできる。ドリンクスタンドではアーティストさながらに、気分を高めるためのあらゆる飲みものをすばやく出してもらえる。[33]

こちらは1897年6月5日づけの「プルマン連結列車」のメニューである。[34]

ご夕食

❖割れえんどうのピューレ

❖透き通ったコンソメ

❖きゅうり

❖オリーブ

❖クレオール風カワカマスのオーブン焼き

❖ポム・パリジェンヌ（丸くくりぬいたじゃがいものオーブン焼き）

❖ジビエのパイ

❖バニラ風味のバナナフリッター

❖プライム・ローストビーフ

❖子羊のミントソースがけ

❖ゆでたじゃがいも

❖マッシュポテト

❖旬のえんどう豆

❖新鮮なエビサラダのマヨネーズ添え

❖バニラのブラン・マンジェ（牛乳とアーモンドを使ったゼリー状のデザート）

❖アップルパイ

❖ケーキ各種
❖アイスクリーム
❖くだもの
❖ロックフォールチーズ〔ブルーチーズ〕
❖エダムチーズ
❖カフェ・ノワール

当然のことながら、鉄道事業に革新をもたらしたのはプルマンだけではない。ほかにもスタイリッシュな寝台車や食堂車、ビュッフェ、パーラーカーが作られ、みな同様に裕福な乗客をもてなしていた。けれども、米国内でも海外でも、もっとも知られていたのはプルマン車両で、やがてプルマン社がアメリカの豪華列車市場のほとんどを支配するようになった。

したがって、1867年に金持ちのベルギー人鉄道愛好家がアメリカを訪問したさい、プルマン製の列車に乗ったのはごく自然なことだった。彼はおいしい食事、快適な寝台、豪華な内装を楽しんだ。プルマン車両の質の高さとスタイルに感銘を受けた彼は、ヨーロッパにも同じような客車を作ろうと決意した。その男の名はジョルジュ・ナゲルマケールス。プルマンからインスピレーションを得た彼は、コンパニ・アンテルナシオナル・デ・ヴァゴン（ワゴン）・リ、すなわち国際寝台車会社と、かの有名なオリエント急行を作ることになる。

ピクルス

酢や塩水に野菜やくだものを漬けて保存するピクルス作りは、はるか昔から収穫の少ない時期でも栄養を摂取するために行われている方法である。すぐれた保存方法であるピクルスは、酸味、甘味、塩味、香辛料などのフレイバーを楽しむことができる。とりわけ19世紀は、デリカテッセン、レストラン、ホテル、鉄道、家庭でピクルスがよく食べられていた。まだ冷蔵保存ができなかった時代の家庭では、日ごろからピクルスを作り、容器に詰めて保存していたため、野菜のピクルスが入ったビンが棚にならんでいる光景が一般的だった。

19世紀後半は特に、チャウチャウと呼ばれるミックス野菜のピクルスが人気だった。ホテルやレストランから、汽船や汽車まで、ほぼどこのメニューにも載っていたようである。チャウチャウは食欲をそそるピリッとした味と保存状態のよさで知られており、その時代の家庭料理本でも取り上げられていた。ところが、1940年までにはメニューからも料理の本からもすっかり消えてしまった。

家庭料理のレシピでチャウチャウは、たいていの場合、きゅうり、カリフラワー、キャベツ、玉ねぎ、ピーマン、青トマトを大量に用いると書いてある。あるレシピでは小型のきゅうりが200本、別のレシピでは大きなキャベツ1個と小指大に切ったきゅうり7・5リットルだ。そうした野菜全部を小さく切るのには時間がかかり、それ以外の手順も手間がかかる。たいていは野菜に塩を振り、ひと晩漬け込んでから、翌日にゆでて、最終的に容器に詰めていた。

次にあげるチャウチャウの簡単なレシピは、1870年に刊行されたジェーン・カニンガム・クロリーの『ジェニー・ジューンのアメリカ料理 *Jennie June's American Cookery Book*』のものである。1829年にイギリスで生まれたクロリーは12歳のときに家族とともにアメリカに渡り、25歳でニューヨークのジャーナリストとして働き始めた。それからわずか3年のあいだに、彼女は多数の新聞社に配信されるコラムを書くまでになった。おそらくアメリカの女性では初めてだっただろう。料理、女性の権利、教育など幅広い記事を書いていた彼女は、女性クラブ総連盟の創設者のひとりである。

簡単チャウチャウ

キャベツ1玉、ピーマン6個、青トマト6個をみじん切りにする。マスタード小さじ2と十分な量の塩を入れ、ひたひたになるように酢をくわえる。お好みでクローブとオールスパイスを少々。これで、いつでも食べられ、長く保存できる。これほど食欲をそそるものはない。

当時、一般的だったもうひとつのピクルスはスイカの皮だ。スイカは夏によく食べられていたため、皮の部分をピクルスにすればあますところなく利用できて倹約にもなった。もちろん今もそうである。これは作家パトリシア・ケリーの『お昼の軽食　ソーダ・ファウンテン全盛時代のアイスクリーム、飲みもの、サンドイッチのレシピ *Luncheonette. Ice-Cream, Beverage, and Sandwich Recipes from the Golden Age of the Soda Fountain*』（１９８９年）に記された当時のレシピである。

スイカの皮のピクルス

スイカの皮…2カップ（赤い果肉部分と硬い外側の皮を取り除き2～3センチ角に切る）
塩…大さじ1
りんご酢…1カップ
砂糖…1カップ
シナモンスティック…1本（砕く）
クローブ（ホール）…大さじ¼
オールスパイス（ホール）…大さじ¼
しょうが…1・5センチくらいを1かけ（スライスにする）

1．スイカに水2カップと塩大さじ1をくわえて混ぜる。ひと晩置く。
2．水気を切る（洗わない）。
3．酢と砂糖をなべに入れる。布袋にスパイスを入れてくわえる。

4．3のなべを火にかけ沸騰させて、混ぜながら砂糖を溶かす。
5．火を弱め、スイカをくわえて、1時間ほどことこと煮る。
6．スパイスの袋を取り出す。
7．液体ごと容器に入れて冷蔵庫で保管する。

マンチェゴチーズや熟成ペコリーノチーズとよく合う。

第3章　ヨーロッパ鉄道の高級ディナー

オリエント急行。その名は毛皮や宝石で着飾った女性、礼装の男性、マティーニを味わいながら交わされる多言語の会話を思い起こさせる。ディナーではきらめくシャンパンが次々に注がれる。キャビアがランプの灯りで輝く。有名作家や殺人犯、あるいは、お忍びで配偶者以外の相手と旅をする王族が乗っているかもしれない。食堂車の隣のテーブルにいるカップルがささやきあっているのは甘い言葉か、それとも国家の秘密か？

オリエント急行ほど想像をかき立て、いくつもの小説や映画のもとになった列車はほかにない。事実と空想とが織り交ざり、それらを切り離すことはもはや不可能に近い。名称さえもが正確ではなくなっている。ジョルジュ・ナゲルマケールスが１８７２年に興した会社はコンパニ・アンテルナシオナル・デ・ヴァゴン（ワゴン）・リ（国際寝台車会社）であって、オリエント急行ではない。パリと当時のコンスタンティノープル（現在のイスタンブール）を結ぶ列車がエクスプレス・ドリアンと呼ばれ、それがオリエント急行と訳された。その名称は１９１１年に正式なものとなり、異なるルート、異なる列車にも広く用いられて、ヨーロッパのぜいたく鉄道旅行の代名詞にさえなった。

19世紀の終わりから20世紀の初めにかけて、アメリカ同様、ヨーロッパの富裕層でも観光や旅行が一般的になった。「おもてなし」という言葉はもはや歓迎する態度そのものだけでなく、産業全体を指すようになった。先陣を切ったのはホテル経営者のセザール・リッツとシェフのオーギュスト・エスコフィエである。ふたりは力を合わせてホテルやレストランを一新し、裕福な旅行者をもてなすための国境を超えたスタイルを作り上げた。彼らはまさにそれにふさわしい場所――モンテカルロ、ロンドン、ローマ、パリ――で事業に取り組み、彼らの行く先には必ず、最新の流行を追う人々がついてまわった。

リッツはヨーロッパのホテルに、専用の浴室、電話、電気、高級リネン、高品質の家具などを取り入れて大変革をもたらした。新たな富裕層の旅行客はどのような望みでも叶えてもらえるものと期待している。また、高級ホテルには高級レストランがなくてはならない。リッツはそれを心得ていた。一方、エスコフィエはフランスの徒弟制度のもとで修行を積んだ人物である。1884年にリッツがモンテカルロのグラントテル（グランドホテル）の仕事を持ちかけたときには、すでになかなかの腕前だった。まだ30代だったが、フランス南部やパリのレストランあるいはホテルで仕事の経験があった。普仏戦争時は各地で軍のために食事を作った。戦争が終わったあと、まだ27歳だったにもかかわらず、パリのプティ・ムーラン・ルージュで料理長になった。パリだけでなく地中海沿岸地域リヴィエラのレストランでも彼の料理の腕は評判が高く、熱烈なファンができた。

エスコフィエが学んだのは昔ながらのフランス料理だったが、彼は独自のアイデアを料理に取り入れ、名の知られたアントナン・カレームといった先人の過度に豪勢な料理とは次第に距離を置くようになった。エスコフィエのメニューは現代の感覚では豪華に見えるが、それ以前のフランスのシェフに比べるとかなり控えめだ。彼はそれまでの凝った盛りつけをやめて、見た目の華やかさよりも味や風味を重視し、それでいてスタイリッシュに仕立て上げた。また、有名人の名前を料理に用いて彼らに取り入る方法も心得ていた。なかでも有名なのはペッシュ・メルバで、そのデザートはワーグナーのオペラ『ローエングリン』で主役を務めた有名なオペラ歌手、ネリー・メルバのために創作したものである。ペッシュ・メルバは風味がよく、なおかつ飽食の客さえあっといわせるほどしゃれた料理の代表格だ。オリジナルのペッシュ・メルバは、ゆがいた桃をこくのあるバニラアイスクリームの上にのせ、てっぺんに綿のような飴細工をあしらって、優雅な白鳥をかたどった氷の上に盛りつけられていた。のちに、トッピングは飴からラズベリーソースに代わり、氷の白鳥はなくなった。有名なひいき客にちなんだ料理の命名は、エスコフィエなどのシェフが常連客を引きつける手段のひとつだった。

エスコフィエは料理人の働き方を機能的に変えた。ソースから冷菜、ソテーから焼き菓子まで、それぞれの料理人が得意とする担当を設けた。そうすれば仕事の重複がなくなり、厨房が効率よく回る。列車内のような小さな調理場でも生産性が上がった。彼のやり方は世界各地のレストランのスタンダードになった。エスコフィエ自身も旅をして本を書いたが、頻繁に旅行をする多くの裕福な顧客のおかげもあって、彼の料理はヨーロッパ中で知られるようになった。また、たくさんの料理人が彼のもとで修行を積み、さらに彼らがレストラン、ホテル、定期航路の客船、汽車で働く人々に知識を授けたため、彼の影響力はますます広がった。エスコフィエ風のオートキュイジーヌ、すなわち高級料理は世界各地のメニューを変えた。

新しい基準を作る

ヨーロッパではリッツとエスコフィエ、アメリカではデルモニコとプルマンによって作り上げられた水準こそが、ナゲルマケールスが自分の新会社に求めるサービスのスタンダードだった。彼自身はヨーロッパのレストランやホテルの高級料理に慣れ親しんでいたけれども、一般にヨーロッパの列車はそこまで豪華ではなかった。1867〜1868年にアメリカを旅したとき、プルマンの寝台車と食堂車の美しさに心を打たれたナゲルマケールスは、ヨーロッパの鉄道にも同じレベルの洗練された上品さを持ち込もうと決意した。

それは簡単なことではなかった。ヨーロッパでは国ごとに異なる言語、異なる基準、異なる政治の駆け引きがある。いくつかの国の指導者は、鉄道は軍の資産であり、隣国や敵に回りそうな国が自国の車両を手に入れて使うことを快く思わなかった。むしろ、そうならないよう、汽車に国境を越えさせないことに関心を抱いていたほどである。鉄道はアメリカを横断するようにヨーロッパを横断することはできなかった。ヨーロッパを旅する乗客は、国境でいったん列車を降りて、検問所を通り、歩いて別の列車に乗り換え、旅を続けるのが普通だった。ナゲルマケールスは、乗客があたかも家や高級ホテルにいるかのようにくつろぎながら、途中で降ろされることなく国境を越えられるようにしたいと考えていた。そのためには、各国の鉄道会社のトップを説得して協力してもらわなければならない。最良の策は、王室を味方につけることだった。

ナゲルマケールスは家族ぐるみで懇意にしていたベルギー国王のレオポルド2世に支援を求めた。王は鉄道ファンであったのにくわえて、それと同じくらい重要なことに、ヨーロッパのほぼすべての王室と血縁関係にあった。イギリスのヴィクトリア女王はいとこ、義理の父親がオーストリア大公ヨーゼフ、実の妹は海を越えたメキシコの皇妃カルロータである。レオポルド2世はのちにコンゴの人々に対する残虐行為と搾取で知られることになった人物だが、このときは快くナゲルマケールスに国王の名と王室の権威を貸した。ただし、資金は出さなかった。実際、数年後、ナゲルマケールスは自分の金で、レオポルドが目をかけていた愛人カロリーヌ・ラクロワの好みに合うような豪華な個人専用車を作らなければならなかった。それでも、王室の後ろ盾にはその費用に見合うだけの力があった。ワゴン・リ社はつねに、裕福で華やかな人々、よくも悪くも有名な人々の気を引いた。

ナゲルマケールスはプルマンを手本にしたが、客車の構造はヨーロッパ人の感性に合わせて変えた。アメリカの列車のような開けた空間はヨーロッパの旅行者には合わないことを彼は知っていた。ヨーロッパではプライバシーが求められるため、客車は個室で、使用人には異なる部屋が必要だった。また、ロンドンやパリで楽しまれていたような、エレガントな食事が望まれていた。

試運転

多くの問題と遅延、なかでも普仏戦争を経て、ナゲルマケールスはパリからウィーンまでの食堂車つき列車の試運転を1882年10月に決めた。10月10日火曜日、彼と招待客はパリのストラスブール駅〔現在の東駅〕を出発し、ほぼ1350キロの距離を28時間かけて、翌日ウィーンに到着した。列車の速度は時速50キロに届かなかったが、トラン・エクレア・ド・リュクス――豪華高速列車と呼ばれた。列車には2匹のライオンの絵とともに、新社名、コンパニ・アンテルナシオナル・デ・ヴァゴン（ワゴン）・リ・エ・デ・グラン・ゼクスプレス・ウーロペアンス（国際寝台車・ヨーロッパ大急行会社）と記された人目を引くブロンズのロゴがつけられていた。

列車の目玉はなんといってもレストランカー、すなわち食堂車だった。料理は当時の高級レストランやホテルに望まれるものとほぼ同じだったが、移動する列車内で調理され、提供されて、人々を感心させた。

ディナーは定番のカキ、スープに続いて、まずは魚料理。このときの魚、ターボット（イシビラメ）は当時のヨーロッパで人気があり、四旬節の断食期間中は金曜日に魚を食べる慣わしがあったため、ル・ロワ・デュ・カレーム（四旬節の王様）と呼ばれていた。[1] メニューからは調理方法はわからないが、一般にターボットはさっと煮ることが多かった。かなり大きい魚であるため、テュルボティエールと呼ばれる専用なべがあった。大きなひし形のなべでふたがついており、たいていは銅製で、魚には珍しい大きなひし形の姿がうまく収まるようになっていた。ターボットは長さが1メートル、重さが20キロを超えることもある。メニューのターボットにはグリーンソースが添えられている。チャービル、パセリ、クレソン、ほうれん草など、新鮮な緑のハーブや野菜とマヨネーズで作られたものと思われる。

それ以外の料理には、きのこ、エシャロット、トマト、白ワインと一緒に鶏肉を煮込んだチキン・ア・ラ・シャスール、じゃがいもをバターでソテーしたシャトー・ポテトと牛フィレ肉のステーキ、そしてジビエのショ・フロワもあった。ショ・フロワ、つまり温冷とは、いったんは温かく調理し、ソースをかけてから、ゼリーで固めて冷やして出すものである。これは当時の流行メニューで、あらかじめ作って用意しておくことができ、見栄えのする料理だ。食事の締めくくりはデザートビュッフェだった。

1年後の1883年、エクスプレス・ドリアン――オリエント急行は、パリからコンスタンティノープルまでのデビューランを果たした。ナゲルマケールスは38歳。これこそ、アメリカ訪問以来、彼が夢見てきた旅だった。

パリのストラスブール駅には、発車をひと目見ようとあふれんばかりの人が集まった。おきまりのシャンパンの乾杯と長いスピーチのあと、ついに列車が駅を発った。乗客は国際色豊かな路線を反映していた。ナゲルマケールスはフランス、ベルギー、オスマン帝国の政府の要人はもちろん、銀行家、鉄道会社の役員、記者や作家も喜んで迎えた。プルマンと同じように、ナゲルマケールスも好意的な記事の重要性を理解していた。そこで、旅の宣伝に一役買う記者が確実に乗車できるように手配して、大量のシャンパンを用意して印象づけた。この日は当時もっとも人気のあるライターだった、エドモンド・アバウトとフランスのベストセラー作家のふたり、そしてロンドン・タイムズ紙のパリ特派員だったアンリ・オペル・ド・ブロウィッツが乗車していた。

列車は、機関車、郵便車、寝台車3台、食堂車、荷物車という編成だった。旅のあいだの豪華な食事に必要な食べものすべてを貯蔵しておくほど厨房が大きくなかったため、荷物車がその役割も担った。乗客の荷物を預かるのにくわえて、氷による冷蔵庫が備えつけられて、食べもの、ワイン、シャンパン、リキュールが保管された。[2]

列車の外装は、ロイヤルブルーの車体に金色の文字が入っていた。寝台車の内装は、壁がチーク材で、ドアと個室の壁には象眼模様の入った、赤みを帯びたマホガニー材の羽目板が使われた。窓ぎわにかけられたダマスク織のカーテンは金色のふさのついたシルクのひもで束ねられ、乗客が過ぎゆく景色を眺められるようになっていた。座席は柔らかい革張りで、夜間はベッドになった。[3]各個室にはベルが置いてあって、必要なときに乗務員を呼ぶことができ、最後尾の車両に常駐している車掌と話すための伝声管も備えられていた。

各車両の後尾にあるトイレの設備は大理石で、洗面器は磁器製だった。清潔なタオル、石けん、芳香水が置いてあった。ドアの外にはいつも清掃係がいて、だれもが気持ちよく使えるよう、客が使用するたびに掃除をした。

レストランカーには婦人専用のラウンジがあり、壁にはタペストリーがかけられ、刺繍を施した長椅子、エレガントな椅子とサイドテーブル、美しいシルクの掛け布があった。最初の行程で

1883年、かの有名なオリエント急行の食事風景。
ブリッジマン・アート・ライブラリー蔵。

は乗客に女性はひとりもいなかったが、ウィーンでふたりが乗車した。車両の反対の端にはクラブのような男性専用喫煙室があった。革張りの肘掛け椅子が備えられ、本棚には本、地図、トラベルガイド、道中の各国の新聞がならんでいた。

多くの写真に見られるように、ダイニングエリアは当時の凝ったスタイルで、彫刻の入ったマホガニー、チーク、ローズウッドの羽目板を張った壁に、採光用の高い窓があり、その側壁に絵画が飾られていた。窓のあいだには水彩画や銅版画がかかっていた。室内はガス灯のシャンデリアの柔らく心地よい光で照らされていた。片側に4人掛けのテーブル、反対側にはふたり掛けのテーブルがあり、合計で42席あった。テーブルに飾られた花は生き生きとしていて、バカラのクリスタルグラスがきらめき、ナイフやフォークといったカトラリーは銀製で、磁器の皿には会社の金色の紋章があしらわれていた。

この初運行時のディナーメニューは、スープからシャーベット、キャビアからカポン（去勢鶏）までさまざまで、くだもの、高級ワイン、そしてもちろんシャンパンを含む10品のコースが載せられている。調理したのはブルゴーニュ地方のシェフで、名前は記載されていないが、黒いあごひげをたくわえた大男だったといわれている。[4]

ワゴン・リの従業員

まるでホテルのコンシェルジュのように、予約の受付から国境を越える複雑なルートの説明、乗客と荷物がきちんと目的地でそろって降ろされるようにすることから、サライェヴォのおすすめ釣りスポットまで、ワゴン・リの従業員はすべてに対処した。国境の税関検査はたいていの場合、乗客に不自由をかけたり荷物を開けたりすることなく、車内で行われた。それ以前は、ある旅行者の言葉を借りれば、税関検査で「荷物の中身がひっくり返されてごちゃごちゃにされてしまう」のが普通だったという。[5]

担当がなんであれ、従業員はみな自分の仕事に熟練していて、礼儀正しく、臨機応変であることが求められた。相手がどれほどうるさい客でも敬意と礼儀を示し、要望に応えなくてはならなかった。当初からワゴン・リの従業員はすばらしかった。現代でいえば高級ホテルの総支配人のようなシェフ・ド・ブリガルドあるいはシェフ・ド・トランと呼ばれる寝台車と食堂車の支配人（ここでいうシェフは料理長ではない）が采配を振るっていた。シェフ・ド・トランは乗客がどのような人物で、どのような要望が出されそうかを心得ていた。基本的な応急手当ての知識もあり、問題が持ち上がっても丸く収めることができた。

次に重要な職は、食堂車のスタッフを監督するメートル・ドテルだ。写真を見ると、給仕はモーニングコートに膝までの半ズボン、白いタイツ、バックルで留める靴を履いている。まるで宮廷の召使いのようである。20世紀に入ってからは、ロイヤルブルーの布地を金色の刺繍で縁取った、鉄道の正式な制服を着るようになり、どちらかといえば軍人のように見えた。[6]

見た目はさておき、乗客は従業員の語学力に驚かされた。彼らはたいていフランス語、ドイツ語、英語の3か国語を操れなくてはならず、多くはそれより多くの言語を話した。1894年、従業員がそれぞれ自分の母国語で新年のお祝いを述べた言葉が、ナゲルマケールスに電報で送られた。ロンドン支社のマネージャーだったH・M・スノウは、挨拶文が50もの言語や方言にわたっていたと述べている。[7]

シェフ・ド・キュイジーヌ、すなわち料理長は、副料理長、料理人、皿洗いといった厨房のスタッフを束ねていた。ワゴン・リのシェフはたいていフランス人で、当時最高のホテルやレストランのシェフにも引けを取らないと考えられていた。シェフは、どれほど食べものにうるさく、注文をつけたがる客に対してでも望むものを提供できなければならないと考えられていた。乗客が求めれば、コーシャ（ユダヤ教で清浄とされる食べもの）やハラル（イスラム教で許されている食べもの）さえも提供できるといわれていた。乗客はしばしばシェフに、鉄道をやめて個人の邸宅や高級レストランで働かないかと持ちかけた。いい伝えによれば、彼らは必ず断ったらしい。

ワゴン・リの従業員はみな口が堅いことが求められた。ムッシューXが妻ではなくマダムYと旅をしていると知っても、寝台車の係がそれを口にすることはない。国家機密であれ私事であれ、万が一秘密が聞こえてしまっても口外してはいけないことになっていた。彼らの口の堅さは高く評価され、乗客は気前よくチップをはずんだ。そのため、従業員のなかには、鉄道会社を離れてから、自分のレストランや小さなホテルを開業する者もいた。そうしない者は、快適な老後の暮らしを楽しんだ。[8]

一等車の旅

パリからコンスタンティノープルへ走った当初の列車はすべてが一等車で、運賃はきわめて高額だった。1880年代の往復運賃は60ポンドである。[9] それは乗客の使用人の1年分の給料より高かった。[10]

最初の旅は評判ほど、あるいはのちの旅ほど、スムーズではなかった。パリで客を乗せた汽車はドイツのミュンヘン、オーストリアのウィーン、そしてルーマニアのジュルジュへと進んだ。道中で歓迎や祝賀の式典があったため、そこまでの旅にかなりの時間を要した。ジュルジュに到着した乗客はいったん汽車を降り、ブルガリアのルセまでドナウ川を船で渡った。ルセからは、豪華なワゴン・リではなく普通の汽車に乗って、黒海沿岸をヴァルナまで進む。それからまた汽船に乗り換えて、黒海を渡り、終着地点のコンスタンティノープルに到着した。1960年に刊行されたタイム誌の記事によれば、「3200キロあまりの」その旅は「国境を越えるごとに式典があって、群衆が線路に押し寄せたため、6日と6時間かかった」[11]

それでも1883年のその旅が好評を博し、大成功を収めたことから、ナゲルマケールスは新たな車両と新たなルートをくわえることにした。1889年までに、汽車は、途中で別の列車や船に乗り換えることなくコンスタンティノープルまで乗り入れるようになった。目的地に到着したオリエント急行の乗客が、そこでも同じように手厚いもてなしを受けられるよう、1892年

1913年、セムとして知られる名高いベル・エポック時代の風刺画家が、パリからニースへ向かう列車内で食事をする裕福な人々を描いたもの。ブリッジマン・アート・ライブラリー蔵。

にはコンスタンティノープルにペラ・パレス・ホテルが建てられた。２年後、ナゲルマケールスはコンパニ・アンテルナシオナル・デ・グランドテル（国際高級ホテル会社）を設立して、エジプトのカイロ、フランスのニース、ポルトガルのリスボン、ベルギーのオーステンデなど各地の都市で豪華なホテルの運営を始めた。19世紀が終わるころまでには、ワゴン・リ社の列車は、ロンドンをのぞくヨーロッパ各地の主要都市を結んでいた。リスボン、マドリード、パリ、ローマ、ウィーン、サンクトペテルブルクを発着する５５０台の車両が１日にのべ14万５０００キロを走り、年間およそ２００万人の乗客を運んでいた。

　フランスのカレーからイタリアのローマまでを走る、新たなトラン・ド・リュクス（豪華列車）のローマ急行は１８９７年にデビューした。名前はわからないが、その年の12月に鉄道マガジンに寄稿したイギリス人の実業家は、その新列車で初めて旅したときのようすを賞賛の言葉とともに書き表している。実際、あまりの感動に最後を「メルシー、ムッシュー・ナゲルマケールス！」とわざわざフランス語で締めくくっているほどだ。車内の温度は20℃と快適に保たれていて、通関は寝ているあいだに終わり、車掌は「ちなみに、イギリス人で」とても礼儀正しかったと、彼は満足げに語っている。ほかの乗客と知り合いになれたことも楽しかったが、なによりも食事がすばらしかった。彼によれば、次のランチメニューは「シンプルで健康的」であるらしい。

❖オードブル各種
❖カレイの白ワイン煮
❖モン・スニ風マトンチョップ
❖イギリス風えんどう豆
❖鶏のガランティーヌ
❖ラング・エカルラート
❖チーズ
❖くだもの
❖カフェとリキュール

彼が旅していたのは11月だったため、新鮮なえんどう豆はイタリア南部のブリンディジ産だった。デザートの西洋梨は「これまで食べたなかでいちばんみごとなもので、ぶどうはシャスラ産――まさに本場ものである」。路線がモン・スニのトンネルを通っていたため、マトンチョップには「モン・スニ風」の名がつけられていた。鶏のガランティーヌは、骨を取りのぞいたチキンを丸めて詰めものをした料理で、一度火を通してから冷たくして出されることが一般的である。したがって、これは前もって準備しておける料理のひとつであり、カレーを出発してすぐに昼食が出されていたことを考えると、重宝しただろう。同様に、ラング・エカルラートは塩漬けにされたタンで、当時の人気メニューのひとつだったが、こちらも冷やして食べる。ランチの値段は記述によれば「たったの4シリング！」だったらしい。午後にはティータイムがあった。夕食の時間になると、彼と、ロンドンの新聞の編集長、有名なオペラ歌手、彼の「うるわしき妻」、ロシアの皇族、ローマのイギリス大使館員という顔ぶれでレストランカーに赴き、次のようなディナーを楽しんだ。

❖オードブル
❖公爵夫人風コンソメ

❖バルビュのオランデーズソースがけ
❖アロワイヨ・ド・ブフ・ロティ
❖さやいんげん
❖プレ・ド・グラン
❖サラダ
❖ローマ急行風スフレ
❖アイスクリーム
❖チーズ、デザート
❖カフェ、リキュール

当時の裕福な人々はだいたいどこでもこのような料理を食べていた。コンソメは現在ではめったに出てこないが、19世紀末と20世紀初頭には、ウミガメのスープと同じくらい頻繁にディナーのメニューに登場した。コンソメは簡単なスープのように見えるが、じつは手の込んだ料理である。煮出してとったスープであることはまちがいないが、それをとことんきわめたもので、料理人の腕が試される一品でもあった。鉄道マガジンに寄稿した別のライターはそれを調理室の「絶対確実な試験方法」だと述べている。[12] コンソメはおいしいだしをとることから始まる。途中でだし汁にラフトをくわえる。ラフトとは卵白、ひき肉、ミルポワ（みじん切りにしたにんじん、玉ねぎ、セロリ）、トマト、ハーブ、スパイスを混ぜたものだ。だし汁をことこと煮ていると、ラフトがひとつに固まって、海に浮かぶ島、あるいはいかだ（ラフト）のように、スープの表面に浮き上がってくる。ラフトはだしを濁らせる不純物をすべて引き寄せるので、慎重にそれをすくいあげて取りのぞかなければならない。そうしてできあがったコンソメは豊かな風味を持ち、澄み切っている。

コンソメを作るには時間がかかるが、一度に大量に作って冷蔵保存し、温めなおして出すことができるため、プロの料理人にとっては好都合である。現代の料理方法ではスープを透明にする手順が簡素化されている。もしかすると再びコンソメブームが訪れるかもしれない。

昔の料理本には多くの異なるコンソメが載っている。『ラルース料理百科事典』には、トリュフとポートワインあるいはシェリー酒入りの冷たいコンソメから、雄鶏のとさかと背肝、米、えんどう豆、細かく切った塩味のパンケーキをゆでたコンソメ・ア・ラ・アンペリアール（帝国風コンソメ）まで、20数種類のバリエーションがならんでいるが、公爵夫人風はない。別の本での作り方はさまざまだ。鶏だしに小さなチーズのシュークリームを添えるものもあれば、細く切ったささみ肉をくわえるものもある。ほかに、チキンのジュリエンヌ（細く切ったもの）、タン、アスパラガスで美しく飾られたものとも説明されている。要はシェフ次第であるようだ。

メニューにある魚、バルビュ（英語ではブリル）は、カレイやヒラメのような平たい大きな淡水魚だ。このディナーではバター、レモン汁、卵黄などで作るオランデーズソースがかけられている。アロワイヨ・ド・ブフ・ロティはサーロインのローストビーフである。記事の筆者はさやいんげんの産地には触れていないが、おそらくランチタイムのえんどう豆同様、新鮮なものだったただろう。プレ・ド・グランはとうもろこしで育てられた鶏で、まるで21世紀のメニューのようだが、19世紀にも一般的だった。

ディナーはわずか5シリング6ペンスで、筆者によれば、こちらもまたお得だったようである。彼と連れの人々は食事と一緒に「口あたりの軽いボルドーを1本と1884年ものの辛口のインペリアル1本」を空けた。「読者諸君よ、心配はご無用。大使館員、編集長の友人、わたしの3人で飲んだのだから」。ワイン1本とシャンパン1本を3人でというと、現代の基準ではかなりの量に感じられる。食後に喫煙室に移動して、カードゲームをしながら、さらにウイスキー・ソーダを飲んだというのだからなおさらである。けれども、当時はそれでも飲みすぎとはみなされなかった。

朝食はまったくもって上品だった。朝、ウェイターが客室にやってきて、コーヒー、紅茶、ココアのどれがよいかを尋ねた。数分後、ウェイターが戻ってくると「ベッドの横にある小さなテーブルの上に真っ白なナプキンが敷かれ、おいしいカフェオレと一緒にトーストとブリオッシュが出された」

筆者は明らかに食べることが好きで、つねに次の食事のことを考えていたようである。汽車がイタリアのピエモンテのワイン畑を抜けて、アスティを通ると、「昼食には（スパークリングワインの）スプマンテを飲まなければ」と書いている。同じくイタリアのアレッサンドリアを通るときには「アスティのスプマンテと一緒に生サラミをいただこう」ともある。

当時の典型的なメニューはもちろん、ワゴン・リのレストランカーは、汽車が通るさまざまな地方の料理を出すことでも知られていた。停車するたびに、新鮮な農産物、焼きたてのパン、その地方のワインほか、乗客を楽しませる特産品が積み込まれた。したがって、名無しの筆者もきっと、スプマンテと生サラミを楽しめたことだろう。[13]

イギリスのプルマン

ナゲルマケールスがヨーロッパの大陸側で伝説に残るワゴン・リ社を立ち上げていたころ、プルマンは自分の会社をイギリスへと拡大していた。１８７３年、彼は、食堂車、ラウンジ、寝台車を提供するべく、イングランド最長の鉄道だったミッドランド鉄道と契約を結んだ。イギリス人は、既存の自国の車両よりもモダンでエレガントな、プルマンのあか抜けたダークブラウンの車両を高く評価した。

イギリスの乗客は食事のない列車の旅をさまざまな方法でしのいでいた。サンドイッチ、水筒、ろうそくあるいは小型のオイルランプを入れるスペースがある「鉄道の旅のお供」と呼ばれた箱に、軽食を詰めて乗車する人もいた。車内があまりに暗かったため、ランプなどの明かりは必須だった。[14]鉄道会社によっては、「ランチバスケット」を販売しているところもあった。たいていは、鶏の半身、ハム、あるいはタンと、サラダ、パン、チーズに赤ワインのハーフボトルがつい

1905年、チキン、パン、チーズ、ペールエールと道具一式の入ったこのランチバスケットは、ロンドン・ノースウェスタン鉄道で、多くの鉄道労働者の1日の賃金にあたる3シリング（15ペンス）で売られていた。英国立鉄道博物館／科学・社会写真ライブラリー蔵。

て3シリングだった。2シリングのバスケットは、子牛とハムのパイ、サラダ、チーズ、パンに黒ビールの一種であるスタウトがついていた。ほかに1シリングのティーバスケットもあり、そちらは紅茶、パンとバター、プラムケーキ、チョコレートバーが入っていた。温かい食べものが保温されず、特定の駅にバスケットを戻さなければならないという不便はあったが、こうした軽食バスケットは人気があった。クリス・デ・ウィンター・ヒーブロンは著書『走行中の食事 *Dining at Speed*』で、そうしたバスケットについて、鉄道会社は食堂車を購入して備品と人員を用意することなく食事問題を解決できるためそれらを気に入っていたのではないかと述べている。乗客もまた、ピクニックのような雰囲気を楽しめるため、バスケットを気に入っていた。[15]

イギリスに食堂車が導入されたからといって、すべての路線に連結されたわけではない。20世紀になったばかりの子ども時代について記した作家のフィリップ・アンウィンは、親きょうだいとともにコーンウォール地方へ旅行に出かけた帰路で、汽車に食堂車がなくてがっかりしたという。気が利く車掌がすぐに、80キロ先の駅へティーバスケットの注文を打電した。汽車がその駅のホームに到着すると、バスケットを持った男性が立っていた。バスケットにはいれたてのポット入り紅茶、ミルク、パンとバター、マデイラケーキ、ジャムが入っていた。空になったバスケットを返却したとき元の駅に戻されるように、バスケットには「ヨーヴィル・ジャンクション」と駅名が貼られていたという。それは「みごとな手配で、当時はそれが一般的だった」とアンウィンは述べている。[16]

プルマンがイギリスにもたらした設備のなかでもっとも重宝されたものはトイレだった。それまで、イギリスの鉄道にはトイレがなかったため、店では男性が旅行前にズボンのなかでふとももに巻きつけておくゴム製の装具を販売していた。それは「秘密のトラベルトイレ」として知られていた。[17] 女性は、プルマン車両が登場するまではトイレなしですませるほかなかった。

プルマン車両はまた、車輪が6つ、ないしは8つというデザインのおかげで、乗り心地もスムーズだった。イギリスの車両にはたいてい車輪が4つしかなかったため、上下によく揺れた。プルマン車両は揺れないのでシャンパンがこぼれないと評判だった。
1879年、最初にプルマンの食堂車が走ったのはグレート・ノーザン鉄道で、リーズとロンドン間である。1917年、ジョゼフ・ハズバンドは著書『プルマン車両の物語 *The Story of the Pullman Car*』で、列車内で出された最初の食事は「スープ、魚、アントレ〔魚と肉のあいだの軽い料理〕、肉のロースト、プディング、デザートのくだもので、典型的なイギリスメニューだった」とそっけなく述べている。[18]
1882年に、2台の真新しいプルマン食堂車がロンドンのセント・パンクラス駅とレスターを往復する初走行を果たしたとき、その旅を描写したロンドン・ニューズ紙の記事をニューヨーク・タイムズ紙が転載した。ロンドン・ニューズ紙の記者は食堂車を「驚愕の技術、味わい、創意工夫」と評している。食堂車の木造部分はマホガニー材で、内装は、彼によれば「ラウンジとほぼ変わらないほど作り込まれていた」。各食堂車には座り心地のよい背もたれの高い椅子とふたりがけのテーブルが備えてあって、全部で20席あった。それぞれのテーブルに、ウェイターを呼ぶための電気式のベルが置かれていた。一方の端には喫煙室、もう一方には厨房と食器室があった。食事そのものについて彼は、「名称は『ランチ』だが、実際にはおいしく調理され、すばらしい接客態度で提供されるディナーといえよう。メニューは一流ホテルのものに匹敵し、あまりあるほどの料理が旅行客に好評だった」と記している。[19]
残念なことに、記者は初走行に乗車した有名人の名はあげているが、料理については何も書き残していない。おそらく、メニューはワゴン・リ、あるいは記者がいうような一流ホテルの食事と同じようなものだっただろう。

ナゲルマケールスの祝宴

1898年、ナゲルマケールスは、生まれ故郷のリエージュにある音楽院で華やかな祝宴を催して、ワゴン・リ社の創業25周年記念を祝った。この祝賀会に合わせて、同社の客車がヨーロッパ各地からベルギーへと著名な鉄道関係者や政府関係者を運んだ。

祝宴のメニューには、炎のついたたいまつを運ぶ女神の絵、1873〜1898という年代、コンパニ・アンテルナシオナル・デ・ヴァゴン（ワゴン）・リ・エ・デ・グラン・ゼクスプレス・ウーロペアンスの社名、そして会社の紋章が記されていた。ディナーもそれに負けず、豪華だった。カキ、そしてウミガメのスープにくわえて、シャンボール風トラウト・サーモン——詰めものをした魚を丸ごと赤ワインで蒸し煮にして、魚のすり身の団子、きのこの笠、オリーブのような形をしたトリュフで飾られたもの——もメニューに含まれていた。

また、シカの鞍下肉、伊勢エビのショ・フロワ、トリュフがシャンパンとともに出された。フランスの小説家コレットはかつて、この組み合わせならシャンパンではなく白ワインでもよいと書いているが、ワゴン・リ社の創業記念にシャンパン以外はありえない。メニューにはまた、パルフェ・ド・フォアグラもあった。これは、フランス人シェフ、フェルナン・ポワンが考案したなかでもっとも有名なレシピのひとつで、フォア（レバー）をまるごとポートワイン、コニャック、ナツメグを混ぜた液体に漬け込んでから、トリュフを突きさして、ひたひたくらいの鶏の脂で煮るものである。おそらくワゴン・リのものも同様に「パルフェ（完璧）」だったことだろう。デザートのひとつはプロンビエール・アンペラトリスだった。アイスクリームデザートであるプロンビエールには一般にアーモンドミルクを使い、ホイップクリームと、リキュールのキルシュに浸した砂糖漬けフルーツで美しく仕上げる。アンペラトリス、すなわち女帝にふさわしいというネーミングは、これが特別に豪華だったことを示している。

祝宴のピエス・ド・レジスタンス、つまり注目の的はなんといってもグラス・ヴァゴン・リで、マジパンで成型されたワゴン・リ社の客車の精密なレプリカに乗せられたアイスクリームだった。

ぜいたくの外側

普通の人にはナゲルマケールスが祝っていたような旅行をするほどの余裕はなく、またそこまで豪華な旅を求めてもいなかった。だが、金を払える人々は普通の列車では満足できない。そこで、たまにそのような列車に乗ってしまうと、活字で公に不満をあらわにした。彼らの話は皮肉にも、普通の旅行者が耐えていたもろもろの問題を明らかにしている。

1886年、イギリス王室とつながりのあるド・ストックル男爵夫人は、地中海地方への旅を

「堪えがたい」と表現した。旅は自分が慣れ親しんでいた生活様式とはまったく異なっていた。食堂車がないことから粗末な寝台まで、男爵夫人は何もかもに不満を抱いた。座席を引き下げればベッドになったが、シーツも毛布もなく、枕を借りるには1フラン支払わなければならない。事故があるかと思うと服を脱ぐこともできない。また列車にはトイレがない。彼女がいうには「ほとんどの人は家で使う便利な道具を持ってきていて、それで用を足しており、中身を捨てるために頻繁に窓を開けなくてはならなかった」

食堂車がなかったため、男爵夫人は駅のビュッフェで食べざるをえなかった。駅に着くなり食べようとかけこむようすは、世界各地の普通の旅行者にとってはおなじみの光景だったろう。「ビュッフェに向かってみな一目散に走っていった」と彼女はいう。そして、ようやく食べ始めたと思ったらもう発車の合図が流れる。乗客はみな、乗り遅れまいとなりふりかまわず走らなくてはならないと夫人は不満を述べた。翌日の朝食は、1897年のローマ急行で出されたようなすばらしい食事ではなかった。「欠けたカップに入ったコーヒーと、あふれたコーヒーでびたびたになったクロワッサンひとつ（中略）が窓から突っ込まれた[20]」

たとえ食堂車があっても、プルマンやナゲルマケールスがいつも提供するようなレベルではなかった。1900年、アメリカ人医師のフランシス・E・クラークが中国からロシアを横断したときに乗ったシベリア横断鉄道には食堂車があった。けれども、彼いわく、「さすがのプルマンも、この車両が自分の発明のなれのはてだとは夢にも思わないだろう」。車両の中央に20席の長いテーブルが置かれていた。隅のほうにバーがあって、飲みものと「ロシア人が好むキャビア、サーディン、小魚が出された」。旅の状況について、彼は次のように記している。

脂ぎったシベリアのスープと、ビーフなのかマトンなのか、あるいはポークなのかまったくわからない硬いシチュー肉に慣れる必要があることはまちがいない。けれども、シベリアを横切ろうと決めたのなら、とやかくいうべきではない。カムチャッカのすぐ南にある平原を疾走していると、どんなに粗末でも食堂車で食べられると思うだけで、たとえ世界中を旅して辛口の批評を述べている人でも多少の不満などそれがどうしたという気分になるはずだ。

クラークが描くシベリア横断鉄道は、当時、ナゲルマケールスがパリ万国博覧会に展示していた列車のイメージとは大きく異なる。クラークはその落差にも気づいていた。

パリ万博のおかげで、シベリア鉄道ド・リュクス（デラックス）は、動くパノラマ、サンクトペテルブルクと北京の発着駅、ひとり7フランのディナーで、その名が知られるようになった。新聞記者も、自宅の心地よい暖炉のそばで人づてに聞いたすばらしい話を焼き直しながら、心の目だけでそれを見つめて、正真正銘のウォルドーフ・アストリアホテルが車輪に乗っている姿を人々が思い浮かべるよう、宣伝に加担している。（中略）そこで描かれているのは、図書室、風呂、固定された自転車でひと走りできるジムを備えた車両、格式高いディナー、毎朝無料でひげを剃ってもらえる床屋、ピアノほか、数えきれないほどのぜいを尽くした設備だ。実際には、西暦1900年6月20日にイルクーツクを発車したシベリア鉄道ド・リュクスは、寝台車3台、食堂車1台、荷物車1台からなる、連絡通路つきのどちらかといえばみすぼらしい列車だった。それまで乗っていた移民用の四等車に比べればたしかに豪華だったが、アメリカで最高の列車には何倍も後れをとっていた。しかしながら、最高の車両がパリ万博に送られていたことは述べておかねばならない。われわれが乗車した列車はまちがいなく、シベリア鉄道ド・リュクスの平均以下だった。[21]

パリのシベリア

1900年のパリ万博では、エッフェル塔からみごとなアレクサンドル3世橋、観覧車から音声つきの映画、リヨン駅ビュッフェ(のちのル・トラン・ブルー)から、のちにニューヨークの自動販売機のもとになったドイツのコイン式レストランまで、たくさんの驚くべきものが訪れた人を楽しませた。

目玉のひとつは、クラークが著書のなかで取り上げているシベリア鉄道ド・リュクスの動くパノラマだった。ナゲルマケールスは長さが20メートルを超えるサロンつきの客車を3台と、食堂

1900年のパリ万国博覧会を訪れた人々は、ロシア館のシベリア横断鉄道の展示に感銘を受けた。ブリッジマン・アート・ライブラリー蔵。

車、寝台車を万博に持ってきていた。訪問客は、格調高いワゴン・リの客車に座って、1時間にわたってその道中の景色を眺めながら、2週間かかるシベリア横断旅行を擬似体験することができた。ベルトの上を異なるスピードで動く、観客からの距離に差をつけて4層に配置されたオブジェと絵画によって、モスクワ、北京、万里の長城の景色が再現された。一番手前の層は砂や岩、次の層は低木や木々が描かれ、その奥が背後にある山や森や川、一番奥は実際の走行ルートにある都市や歴史的建造物の絵である。このパノラマは万博のロシア館、シベリアのエリアにあった。

4000万人を超える人が訪れ、7か月にわたって開催された万博は、ナゲルマケールスにとっては自社の高級車両を幅広い観客に披露するまたとない機会だった。シベリア横断のパノラマを見た人は、豪華な旅のようすに心を打たれただろう。もしかすると、それがきっかけで旅を予約する人もいたかもしれない。もし旅をしたなら、その体験はおそらく宣伝と同じくらい価値あるものになっただろう。人々が初期の汽車の旅で味わったような悲惨な状況は、若干の例外を除いて、過去のものになろうとしていた。未来は黄金色に見えた。

エスコフィエの影響

20世紀初め、ジョルジュ・オーギュスト・エスコフィエは世界でもっとも有名なシェフだった。王室や名士のために料理をすることもあり、1919年には料理人として初めてレジオン・ドヌール勲章を授かった。1935年に他界してからも長く、レストランやホテルのダイニングルーム、汽船や汽車の食堂車の料理や厨房業務に影響をおよぼし続けた。

ネリー・メルバは同時代の世界的なオペラ歌手だった。オーストラリア出身のメルバは、イギリスのコヴェントガーデンからイタリアのスカラ座、ニューヨークのメトロポリタン歌劇場まで、世界各地の舞台で歌った。エスコフィエが彼女に捧げる一品を創作してもなんら不思議ではない。

ペッシュ・メルバを本来のヴィクトリア風に仕上げるには、エスコフィエがやったように、氷の白鳥の上にのせて糸状の飴細工をめぐらす。

ペッシュ・メルバ

桃…4個
ラズベリーピューレ…次項参照
バニラアイスクリーム…500ml

1. 桃は熱湯で1~2分ゆがき、なべから取り出す。冷めたら、皮をむき、種をとって、半分に切るか、またはスライスにする。
2. アイスクリームをすくって4つの皿またはボウルに入れ、その上に桃をのせる。ラズベリーピューレをかけてできあがり。

ラズベリーピューレ

新鮮なラズベリー…1000ml
または、甘味をくわえていない冷凍ラズベリー…350g(解凍しておく)

砂糖…½カップ
レモン汁…大さじ1

1. 全部の材料をなべにいれて、ときどき混ぜながら中火にかける。ぐつぐつ沸騰してきたら、とろみが出てくるまで煮る。
2. 火からおろし、種しか残らなくなるまでざるでこして、冷ます。

エスコフィエのウォルドーフサラダ

現代のウォルドーフサラダは、しゃれたニューヨークのウォルドーフホテルで生まれた、セロリ、りんご、くるみを大量のマヨネーズで和えたどろっとした甘いサラダとして知られている。このサラダはエスコフィエの有名な著書『フランス料理』にもある。こちらではセロリではなく根セロリが使われている。マヨネーズをかけてはいるが、肉汁をゼリーで固めたアスピックで薄めている。普通の家庭にアスピックはないが、レモン汁を使えばよい。

ウォルドーフサラダ

角切りにしたりんご…1カップ
角切りにした根セロリ…1カップ
焼いて砕いたくるみ…¼カップ
マヨネーズ…¼カップ
レモン汁…大さじ1
塩こしょう…適宜
サラダ用の葉野菜

1. りんご、根セロリ、くるみを混ぜる。
2. マヨネーズにレモン汁をくわえ、1と軽く混ぜ合わせる。
3. 塩こしょうで味を調え、サラダ用葉野菜の上にのせる。

第4章　走るレストラン

1900年1月1日はカレンダーの1ページ目、新たな年、新たな世紀の幕開けだっただけではない。それは新たな繁栄の時代の到来だった。時代は変わりつつあった。

富裕層では、ドレス、装飾、食事がそれほどフォーマルではなくなり、リラックスした形になった。10種類ものコースディナーを食べるだけの時間的余裕もなければ、だいたいにおいて使用人もいなかった。金儲けのチャンスがあるのにうかうかしてはいられない。行かなければならない場所がたくさんある。女性も以前より自由になり、メイドや家政婦のようなサービス業を離れて、タイピストや速記者としてオフィスで働くようになった。

イギリスでは、1901年にヴィクトリア女王が逝去してエドワード7世が戴冠すると、王室と国全体に以前とは異なる活気がもたらされた。エドワード王時代の特徴はスピードと近代化の始まりである。アメリカでは、1901年、ウィリアム・マッキンリーが暗殺され、セオドア・ルーズヴェルトが大統領に就任した。ルーズヴェルトは当時まだ42歳で、アメリカ史上最年少の大統領であり、とりわけエネルギッシュだった。時代はまさに前途有望だった。賃金は上昇し、1週間の労働日数は減少して、多くの人が週休2日になった。労働者に有給休暇が与えられるよ

この1916年の絵葉書には、ヨーロッパの列車のファッショナブルな食事風景と美しい景色がよく表れている。カイリ・クラフリン蔵。

うになると、彼らも旅行できるようになり、また進んで旅行に出かけようともした。鉄道にはそうした人々を迎え入れる準備が整っていた。

20世紀初めは、ほとんどの列車で連結部分に連絡通路があり、電気、水洗トイレ、セントラルヒーティングも備えられていた。多くの乗客から苦情が出ていた、だるま型のストーブはもうなかった。鉄道のスピードと距離も増し、さまざまな国と大陸を縦横に走っていた。ナショナル・ジオグラフィック誌の1902年の記事によれば、アメリカの蒸気機関車鉄道網はのべ32万キロにのぼり、ロシアは5万6000キロ、ドイツ帝国が5万1000キロ、フランスが4万2000キロ、インドが4万キロ、イギリスならびにアイルランドが3万5000キロ、イタリアが1万6000キロだった。

鉄道は日本や中国でも走り、アルプス山脈を抜け、まもなくアンデス山脈も横切ることになった。パリからローマまではおよそ2日、イギリスからイタリアは3日で行くことができた。アメリカ国内の旅は速くなっただけでなく、安くもなった。特別運賃やそれほど豪華ではない客車の登場で、旅はかつてないほど容易になった。その結果、それまで旅行を楽しむことなど考えたこともなかった家族連れが休暇旅行に出かけるようになった。

王者たちの死

世紀が変わる前後の数年に、鉄道旅行と食事の巨匠3人が次々にこの世を去り、事業が別の人間に引き継がれた。

ジョージ・プルマンは1897年にその生涯を閉じた。労働問題で長いあいだ熾烈な論争を繰り広げたことで、かつての名声は失われていた。彼の死後、元大統領の息子、ロバート・トッド・リンカーンが事業を束ねた。そのときすでに、プルマンの名前はあちらこちらで用いられるようになっていた。プルマン車両の座席の下にぴたりと収まるようにデザインされた小型のスーツケースがプルマンと呼ばれていた。都市部のアパートメントにある効率のよい小さなキッチンがプルマンとして知られていた。パンを重ねて収納しやすいように、焼くときに容器にふたをかぶせ、山型にならないようにして焼かれたサンドイッチ用のパンはプルマンで、容器そのものもプルマン容器だった。プルマンの死後何年も経ってからの大恐慌時代、不運に見舞われた男たちが飛び乗った有蓋車（屋根のある貨車）は「サイドドア型プルマン」と名づけられた。プルマンは旅のあり方を変え、事業を成功に導いた。彼の成功はもちろん、その落ち度も鉄道史の一部である。チャールズ・フライヤーは著書『イギリスのプルマン列車 *British Pullman Trains*』でそれを巧みに表現している。「プルマンという名前はまずは客車、それから列車、そして最後には、スパルタではなくシュバリス、すなわち耐乏ではなく快適という概念を表す名詞となった」[1]

ハーヴィー・ハウスとその従業員ハーヴィーガールズの生みの親として知られたフレッド・ハーヴィーは１９０１年にこの世を去った。そのときまでに彼のチェーンは15のホテルと47のレストランにくわえて、サンフランシスコ湾を通るフェリーへのケータリング業務にまで事業を拡大していた。アメリカ各地の路線を走っていた食堂車のうち、30台でハーヴィー社が料理を提供していた。彼の死後は息子たちが事業を引き継いだ。ハーヴィーの名前は長年にわたって高品質を象徴し続けた。

ジョルジュ・ナゲルマケールスは１９０５年に息を引き取った。彼は、ヨーロッパ豪華鉄道の旅というみずからの夢が実現するところをその目で見ることができた。彼が生きているあいだに、オリエント急行は乗り換えやフェリーを介することなく、パリとコンスタンティノープル間を走るようになった。のちにル・トラン・ブルーとして知られるようになったカレー・地中海急行は、上流階級の乗客をおしゃれなリヴィエラの保養地へと運んだ。それ以外にも、彼の列車はサンクトペテルブルク、マドリード、リスボン、ウィーン、アテネへと豪華な旅を提供していた。彼の

1930年代の「プレイスクール・プルマン」の客車のおもちゃ。
ロズ・カミンズ蔵。シャーロット・ホルト撮影。

視線は豪華列車の旅だけに向けられていたのではない。乗客が目的地ですばらしい場所に滞在できるよう、ヨーロッパ各地に11軒の一流ホテルが建った。彼の死後は、1893年にワゴン・リの取締役になっていたデイヴィソン・ダルジールが経営の指揮をとった。「オリエント急行」の名は今でも、通勤列車しか乗ったことのない人々のあいだでさえ、豪華列車の代名詞になっている。

鉄道よ、永遠なれ

鉄道事業は、ロマンを求めるひと握りの人間から始まった。彼らの死後長い年月を経て、やり手の実業家が鉄道を経営するようになってからも、列車に乗る人、また乗りたい人々が鉄道の魅力を生かし続けた。人々が列車に

子ども用プルマン車両のおもちゃでは、テディベアが優雅に列車に乗り、寝て、食事をしている。ロズ・カミンズ蔵。シャーロット・ホルト撮影。

ロマンを抱くのも無理はない。20世紀の初め、列車は時代の縮図だった。高速で移動し、近代的で、技術は最先端だった。力強く、よりよい未来の象徴だった。ほとんど旅をしない人でも鉄道に目を向け、そこに可能性を見いだした。移民列車で西部に向かう人々は新たな人生を求めて列車に乗った。列車を利用することで通勤範囲が広がって、生まれ故郷の小さな町ではなく大都会で仕事に就いた人もいた。少なくとも、列車は乗客を新しい観光地へと運んだ。列車のおかげで人々の世界は一気に広がり、手の届く場所になった。

それに合わせて、新聞の日曜版には、アトランティック・マンスリー誌のような雑誌に掲載されていた気取った文章ではなく、実用的でサービス志向の記事を載せた旅行欄が登場した。1898年、アメリカのサザン・パシフィック鉄道は乗客を増やそうと、ヨセミテ渓谷やサンタクルーズの海岸線など、鉄道沿線にある地域の魅力に触れる記事を載せたサンセット誌を刊行し始めた。主要なターゲットはすでに西部で暮らしていた人々ではなく観光客である。当初、雑誌に鉄道の広告はなく、ホテルや駅で無料で配られていたが、やがて広告が掲載されるようになって有料の定期購読も可能になった。[2]

鉄道各社は、目的地の景色だけでなく、車窓から見える道中の風景も載せたガイドブックを出した。観光客は、異国情緒が漂う眺めの紹介、ホテルやレストランのリスト、地図つきで、次々に刊行される旅行本を手にいれることもできた。時刻表、ポスター、広告、宣伝のチラシは観光事業に拍車をかけ、鉄道会社を潤した。旅行者自身が景勝地の写真入りで自分の体験を記した本を出すこともしばしばあった。旅に出てみたい人々にとっては、情報も刺激も十二分にあった。

多くの乗客にとって、列車のハイライトはなんといっても食堂車だった。彼らの目から見れば、列車とはもっぱら走るレストランだった。T・F・Rのイニシャルしかわからないあるライターいわく、それまで「自転車から気球まで」ありとあらゆる乗りもので世界を旅してきたが、「急行列車に連結されているレストランカーほど、自分の想像力と内面のビヤンネートル、すなわち幸福感を強くかきたてる旅はほかにない」。T・F・Rは、たんに食堂車でディナーを楽しみ、「アンニュイ（気だるさ）」を晴らすためだけに、ロンドンからイングランド東部のイプスウィッチまで、距離にして120キロの旅をしたという。1900年の鉄道マガジンに掲載された「食堂車の楽しみ」と題された彼の記事では、そうした行動が勧められている。

時速80〜90キロもの高速で走行し、トンネルを抜け、川を横切り、のどかな牧草地のなかを飛ぶように駆け、工業地帯の中心を目にも留まらぬスピードで通って、遠く離れた場所との距離を縮めながら、そのあいだに、ゆったりとサーモン・マヨネーズを楽しみ、ブルゴーニュ産ワイン、あるいはうっとりするようなスパークリングワインのグラスをお供にライチョウのもも肉をつまむのは、まさに不思議な感覚である。（中略）時が止まって、時間を巻き戻すかのような、こうした移動もまた一興だ。地球上のどこを見ても、このような体験を味わえる場所はほかにない。[3]

数十年後の1940年代、遠く離れたテキサス州では、日曜の昼のサンデーディナーをミズーリ・カンザス・テキサス鉄道の列車ケイティ・リミテッドに乗って食べることにした人々がいた。彼らはサンアントニオの教会で礼拝をすませると、食堂車でごちそうを食べながら90キロほど離れたオースティンに向かう。そして食後は、午後3時20分発の列車テキサス・スペシャルでサンアントニオに戻った。[4]

ほとんど旅をしない人でも鉄道やそれに関連するものごとのファンだった。地方に住んでいた人なら、子どものころは地元の駅に行って、まだ見ぬ世界を想像しながら通り過ぎる列車を眺めていたことだろう。ガタゴトと線路を走ってくる列車の鋭い汽笛の音を懐かしく思い出す人もいるはずだ。

ニューヨークに住む特定の世代は今でも、子どものころグランドセントラル駅に行って豪華な

アメリカ観光なら列車が最高。できればすてきな食堂車つきで。
ウィスコンシン歴史協会蔵。

駅舎のなかを歩き回り、列車が出たり入ったりするところを眺めていたと語る。20世紀特急のような名のある列車には乗ったことがなくても、幼いころ駅員に頼み込んで、乗客のために敷かれた、かの有名な赤いじゅうたんの上を歩かせてもらったことを覚えている人もいる。多くの人がニューヨークの荘厳なペンシルヴェニア駅を懐かしく思い出し、取り壊しを残念に思っている〔1963年解体〕。

歌や物語のなかの列車

ほぼ最初から、列車は作家、芸術家、作曲家、振付師にインスピレーションを与えてきた。リュミエール兄弟の無声映画『ラ・シオタ駅への列車の到着』は、蒸気機関車がフランスのラ・シオタの町にある駅に入ってくるだけの映像で、時間もわずか50秒だ。それでも、1896年のパリの封切りでは観客がみなそれに驚き、心を打たれた。それ以来、列車は数え切れないほど多くの映画で取り上げられてきた。豪華な一等車の旅が描かれることもあれば、1980年にBBCが制作したすばらしいテレビドラマ『国際夜行列車』のように、多くの乗客が体験していた退屈で混み合っていた状況でいかにも起こりそうな、不愉快な出会いが描かれることもあった。

列車を描いた映画の最高傑作のひとつは、ジュディ・ガーランド、レイ・ボルジャー、アンジェラ・ランズベリーが出演し、MGMが制作したテクニカラーのミュージカル『ハーヴェイ・ガールズ』（ハーヴィーガールズ）である。1946年に封切られたこの映画では、ジョニー・マーサーの歌『オン・ジ・アッチソン・トピカ・アンド・ザ・サンタフェ』（本来サンタフェの前に「ザ」はないが、音楽としてリズムがよいためマーサーがつけくわえた）がフィーチャーされている。映画と歌はともに大ヒットした。皮肉なことに、鉄道のほうはすでに経営が苦しくなっていて、『アメリカを食らう *Appetite for America*』の作家スティーヴン・フリードによれば、その年はサンタフェ鉄道よりも歌のほうが稼ぎがよかったという。[5]

長い年月のあいだに、作詞家や作曲家は、『チャタヌーガ・チュー・チュー』や『ウォバッシュ・キャノンボール』といった軽快なものから、かつては鉄道労働者だったけれども大恐慌で困窮に陥った男を描く『ブラザー・キャン・ユー・スペア・ア・ダイム』などの物悲しい歌まで、無数に歌を作って列車を永久に人々の心に刻み込んだ。

1900年には、ジョシュア・ライオネル・コーウェンという名の鉄道愛好家が鉄道模型を作る会社を創設した。すると、子どもたちが鉄道ファンになった。何年かのちには、ライオネル模型セットは全米で少年の、また一部の少女のほしいもの第1位になった。線路をつないで模型を走らせるとき、子どもたちは、大きくなって本物の列車で旅をするところを思い浮かべる。多くの親は子ども用といいながら、実際には自分たちも楽しむために模型セットを買った。

『ちびっこきかんしゃだいじょうぶ』〔ふしみみさを訳。ヴィレッジブックス。2007年〕、『機関車トーマス』〔桑原三郎・清水周裕訳。ポプラ社。1973年〕、『有蓋車の子どもたち *The Boxcar Children*』、『急行「北極号」』〔村上春樹訳。河出書房新社。1987年〕といった児童書も子どもたちを鉄道ファンにした。

もっとも有名な列車ミステリー『オリエント急行の殺人』。
ブリッジマン・アート・ライブラリー蔵。

イギリスの子どもたちに愛されているクマのパディントンは、ロンドンにある鉄道駅にちなんで名づけられている。現代の子ども（と大人）向けの本に出てくるなかで有名な列車といえばもちろん、ハリー・ポッターのホグワーツ特急だ。

列車が舞台となった大人向け小説はたくさんある。アントニー・トロロープやチャールズ・ディケンズから、最近ではマイクル・クライトンやポール・セローなどの作家が列車を舞台に物語を繰り広げている。しかしながら、列車を取り上げた書籍、それに続く映画とテレビで多くの人に鉄道ロマンを感じさせたという点では、アガサ・クリスティーの右に出る者はいない。『オリエント急行の殺人』がその最たるものだが、『青列車の秘密』『ＡＢＣ殺人事件』『パディントン発4時50分』『縁は異なもの』なども執筆された。クリスティーが描く列車やその付近では頻繁に殺人が起きるが、それが理由で鉄道ファンが鉄道の旅から遠ざかることはまったくなかった。

一等車の旅

20世紀になったばかりのころ、一等車に乗れる人々にとって、鉄道は日常を忘れられる夢のような場所だった。乗客はパリからニースへ、ニューヨークからシカゴへと高速で移動しながら、最高のサービスや高級ディナーを気のおけない友人などとともに楽しんだ。

熱狂的な鉄道愛好家のひとりだったルシアス・ビーブは、鉄道の旅の魅力について語っている。

「蒸気機関車の旅はおとぎの国の楽しい冒険のようだ。天井には天使が描かれ、1ドルのディナーにカメのスープと骨つき肉のステーキが含まれている」[6]

ポーター、ボーイ、メイドが乗客のあらゆる要望に応えた。長旅のあいだ、乗客は洗いたてのシーツが敷かれた心地よいベッドで眠ることができ、朝は部屋に届けられる朝食を楽しんだ。それでも十分ではないとばかりに、ワゴン・リの寝台車の客のなかには、通常のリネンの上にシルクを掛けさせる者もいた。

女性は入浴、マニキュア、マッサージでのリラックス、髪の毛のセットができた。男性にはシャワーやひげ剃り、靴磨きなどのサービスがあった。乗客が短いあいだだけでも外の世界とつながりたければ、株式市場のニュースや新聞の朝刊が用意されていた。人と過ごしたければ、喫煙室へ足を向けて、トランプゲームを楽しむことができた。ひとりになりたければ、展望車で図書室の本や雑誌を片手にゆっくりしてもよかった。なにより、おいしいディナーを楽しみに待つことができた。その前にバーでカクテルの一杯も飲んだかもしれない。

一等車のディナー

20世紀初めの食堂車のメニューは以前と比べて簡素にはなっていたが、それでもやはり豪華だった。地方の名産はそれまでどおり出されていた。ローマ急行に乗ったイギリス人は、イタリア北部にを通るときに生サラミを食べ、アスティのスプマンテを飲むことができたはずだ。モントリオールとヴァンクーヴァーのあいだを走るカナダ太平洋鉄道の乗客なら、ノヴァスコシアのサーモンとブリティッシュコロンビアの桃を味わうことができた。アメリカのグレート・ノーザン鉄道なら、ミネソタ州からワシントン州までの長い路線の名物はチキンパイである。同鉄道の広告には、「大量のチキン（骨なし）、ポテト、濃厚でとろみのあるチキンのルー、そして——隠し味の——カリカリベーコン」で作られているとある。[7]

しかしながら、そうした特産物をのぞけば、大洋を渡る汽船、ホテル、一流レストラン同様、食堂車のメニューはたがいに著しく似通っていた。富裕層が行く先にはどこでも、エスコフィエの万国スタイルがあった。上流階級の旅行者はクックのツアーを、どれも同じで、どこへ行ってもイギリス人丸出しのローストビーフとプディングが出てくる平民の旅行とあざ笑っていたが、画一的で同質という意味では高級旅行も同じだった。一部の大胆な冒険者をのぞけば、富裕層は同じ船に乗り、同じ鉄道に乗り、同じホテルに泊まって、同じ人々と交流し、ニューヨークからニース、ジェノヴァからジュネーヴまで、どこへ行っても同じものを食べていた。[8]

１９０５年にベルギーのアントワープからニューヨークへ航行していたレッド・スター・ラインの汽船Ｓ・Ｓ・ゼーラントで出されていた料理は、コンソメや子羊のミントソースがけからプディングまで、同時代のプルマンやワゴン・リの食堂車のメニューとうりふたつである。まったく異なる料理が出てきそうな日本においてさえ、西洋人が頻繁に訪れるホテルのメニューはヨーロッパと同じだった。１８８６年、家族がクリスチャン・モーレイン醸造所の所有者だったオハ

ロンドン・ノースイースタン鉄道の元気なシェフが完璧な料理を約束している。
英国立鉄道博物館／科学・社会写真ライブラリー蔵。

イオ州シンシナティのジョージ・モーレインは、世界をめぐる旅に出た。横浜に着いたモーレインは真っ先にグランドホテルを目指した。建物の大部分をヨーロッパ人が所有、運営していた埠頭地区のそのホテルは、モーレインの著書『世界一周旅行 *A Trip Around the World*』によれば「極東で最高の食事で有名」だった。

ホテルの所有者はフランス人で、プロの料理人でもあり、モーレインがいうには、最高の料理を出した。一人前の分量は少なかったが、「客が望めば何度でもおかわりができた」という。「料理はたまらないほどおいしく」、サービスも一流だった。日本人のウェイターはぴたりとした黒いレギンスに短いジャケットというでたちで、皿の扱いがきわめて上手で「見ているだけでも楽しかった」らしい。ウェイターは英語を話さないため、客は番号で注文した。彼は「読者諸君に食事の内容と給仕の方法がなんとなくわかるように」とメニューを再現している。

グランドホテル

J・ボイヤー・アンド・カンパニー――経営会社

夕食のお献立　　横浜、1886年1月17日

1. ツバメの巣のスープ
2. シャンボール風魚料理

【アントレ】
3．ポーランド風子牛のロイン　4．帝国風シギ　5．ライン風ボイルドマトン
【野菜】
6．豆類　7．ほうれん草　8．にんじん　9．サルシフィ（西洋ごぼう）
【肉料理】
10．ローストビーフ　11．トリュフ詰め去勢鶏のロースト　12．カレーとライス
【アントルメ（デザート）】
13．デュバリー風プディング　14．プラリネ・シュー　スミレ添え
15．濃厚シャーベット　16．コーヒー　17．紅茶[9]

1912年、日本では、観光旅行を促進するためにジャパン・ツーリスト・ビューロー（のちの日本交通公社）が設立された。政府、鉄道、ホテル、汽船会社の代表が集まったこの組織は、日本におけるヨーロッパスタイルの普及を後押しした。その目的は、旅行者に西洋風のメニュー、食器、テーブル、椅子を用意して自国同様くつろいでもらうことだった。いうなれば、それは外国人観光客に外国らしさを感じさせないことである。グランドホテルのメニューからみて、その目的はすでに達成されていた。

メニューは世界中でほぼ同じだった。カキならば、殻つきの生ガキ、直火焼き、フリカッセ、

ロースト、ソテー、塩漬け、オードブルとしてのカクテル、チャウダー、フリッターなどとしてほぼ必ず出てきた。ブルー・ポイント、ウェルフリート、コトゥイット、シュルーズベリーなど、産地名で呼ばれることもあった。カキとならんで、メニューには依然としてコンソメとウミガメスープがあった。薬味はチャウチャウ、オリーブ、ラディッシュ、セロリ、ナッツなどだった。

魚介料理はたいていコースに含まれていた。カニやロブスターから、トラウトや青魚のブルーフィッシュ、サバやワカサギのようなスメルトまで、なんでも食べられていた。唯一の例外はマグロである。アメリカではマグロは釣りの対象だった。50～１００キロの大物が釣れれば、並んで写真を撮り、地元の新聞に載るかもしれないと期待するほど、マグロは釣り愛好家にとってエキサイティングな獲物だった。けれどもその情熱は実際にマグロを食べるところまでは向けられていなかった。１９０１年、カリフォルニア州のサンタカタリナ・マグロクラブの釣り愛好家が年に一度の宴会を開いたとき、彼らが食べたのはアサリ、アワビ、焼いたカレイなどで、マグロはメニューにはなかった。

当時、アメリカ人がマグロを食べることはほとんどなかった。日本やイタリアからの移民にとってはなじみのある食べもので、手に入れば彼らは喜んで口にした。けれども、ほとんどのアメリカ人が食べてみたのは、缶詰業者がマグロを蒸し煮にする方法を編み出して、見た目が白くなり、脂肪分が減ってからである。１９１２年ごろ、「海のチキン」として売りに出されると、次第に受け入れられるようになり、１９１８年までには缶詰のツナがアメリカでもっともよく食べられる魚になった。缶詰以外のマグロがアメリカ人の食卓に上がったのは、１９６０年代になってからである。[11]

20世紀初め、マトンは鞍下肉、切り身、腎臓、ローストしたもも肉など、依然として人気があった。ラムはそれほど頻繁には出されなかったが徐々に普及し、1920年代までにはマトンをしのぐようになった。ローストビーフは変わらず好まれていた。タンは塩漬けや冷たい料理として出されることが多かった。オオホシハジロ、コガモ、マガモ、アカオタテガモなどのあらゆる鴨はもちろん、ライチョウやキジといった狩りで獲れる鳥も調理された。もっとも、獲物が希少になるにつれて、規制され、手に入りにくくはなった。

じゃがいも、えんどう豆、アスパラガス、ビーツ、カリフラワー、なす、ほうれん草などの野菜はみなたいてい、「ドレッシングをかけたレタス」と表示されていたサラダ用の葉野菜と一緒にメニューから選べるようになっていた。現在はポテトチップとしてよく知られているサラトガチップは、1880年代に登場するやいなや広まった。当時のメニューでは、ポテトサラダは「ポテト・マヨネーズ」と呼ばれている。アイスクリーム、アップルパイ、ケーキ、プディング、ベイクド・アラスカ、シャルロット・リュス、スフレは、いたるところでデザートの定番だった。

チーズはデザートのあとに出されることが多く、だいたいいつもスティルトン、ロックフォール、ゴルゴンゾーラ、カマンベール、各種のチェダーが含まれていた。アメリカでは、チーズに合わせるものとして、「ベントのウォータークラッカー」がメーカーの名前ごとそのままメニューに載っていた。ブランドを世に広めることにみごとに成功した1801年創業の同社は、現在もマサチューセッツ州ボストン近郊のミルトンという町で営業を続けている。

20世紀初めには酒類が豊富だった。ほとんどの食事でワインが飲まれ、長いワインリストがあった。シャンパンとマデイラはもちろん、クラレット（ボルドーの赤ワイン）、ラインワイン（ドイツの白ワイン）、ポートワイン、ブルゴーニュワインはほぼ必ずあった。鉄道愛好家のビーブは、朝食に最適なワインはホック（ドイツの白ワインを指すイギリス英語）、クラレット、そしてシャンパンだと述べている。時間、場所、状況のどれをとっても、シャンパンが適さないことはまったくなかったようだ。

ビールやエールも種類が多く、しばしば地元のものが出された。食後酒には、苦味酒、クレーム・ド・マント（ハッカ入りリキュール）、コニャック、シャルトリューズ（ハーブのリキュール）があっただろう。シェリー・コブラー、クラスタ、そしてブランデー、ウイスキー、ジンのカクテルは、南北戦争の時代から広く飲まれていた。20世紀に入るまでには、バーテンダーのレパートリーにはジン・フィズ、ウイスキー・サワー、トム・コリンズ、マンハッタンはもちろん、ジャーナリストのH・L・メンケンが「唯一のアメリカ生まれでソネット詩と同じくらい完璧な飲みもの」と呼んだカクテル、マティーニもあった。[12]

豪華な専用車

鉄道の旅が始まったばかりのころから、女王、王、大統領はプライバシーと安全対策を理由に専用車に乗っていた。鉄道の旅にぜいたくのかけらもなかった時代には、専用車にすることで快適さも増した。まもなく、ほかの乗客も自分をその他大勢と区別するようになった。ルシアス・ビーブによれば、1834年に、実業家の一団がボストン・プロヴィデンス鉄道に1日あたり15ドル支払って、ボストンとデダムを往復する毎日の通勤に貸切車両を使ったという。距離はたったの34キロほどで、15ドルは当時としては大金だった。ビーブはその車両を「初のクラブカー」と呼び、列車のバーに「メドフォードのラム酒があったかどうか、また乗車中にトランプゲームをした」かどうかについては記録が残っていないと、おもしろおかしく述べている[13]。

プルマンらが格調高く乗り心地のよい客車を作り始めたころ、塗料が塗られ、完璧なまでに磨き上げられた最高級の車両は「ヴァーニッシュ」（光沢）列車と呼ばれた。豪華なヴァーニッシュ列車は、まさにプルマンが約束したように、線路上の最高級ホテルに等しかった。19世紀末から20世紀の初めごろは、すばらしい料理から非の打ちどころがないサービスにいたるまでのすべてが乗客に提供されていたが、それでも満足できない人々がいた。自分たちの扱いをさらに特別にすべく、上流階級の一部は専用車を手に入れ始めた。個人専用のヴァーニッシュは高級のなかの高級だ。それは究極のステータスシンボルだった。

実業界の大物から社交界の名士や有名な芸能人まで、名の知れた人はみな自分の専用車に乗って、流行のディナーを食べた。J・P・モルガンは金ぴか時代の富裕層によく知られていたニューヨークの料理人ルイス・シェリーを雇い、全米各地を移動するさいのメニューを監督させた。資本家のコリス・P・ハンティントンの専用車「オニオンタ」は邸宅にひけをとらないほどのワインセラーを誇っていた。トルコ系アメリカ人投資家のジェイムズ・ベン・アリ・ハギンは自分の客車「サルヴァトール」のために、パリのレストラン、フォワイヨからフランス人シェフを雇い入れ、金の食器で食べたといわれている。ロシア貴族の妻だったハンガリーの画家プリンセス・フィルマ・リヴォフ＝パーラギーは、アメリカ滞在中、ニューヨーク・ニューヘイヴン・ハートフォード鉄道が用意した専用車で移動した。ランチは自分専用の金の皿で出させたという。[14]舞台での才能より愛人関係で知られていた女優のリリー・ラングトリーも専用車を持っていて、フランス人シェフが調理したウズラやテンダーロインステーキを食べていた。[15]

鉄道会社の重役も専用車を持っていた。こちらは企業所有車あるいは業務用専用車とみなすこともできる。しかしながら、20世紀初頭は重役に説明責任が求められた時代ではない。ビーブがいうように、セントルイスのブッシュ家が「アドルファス」の個室すべてに、必要だからとビールのパイプをつないだとしても、それは特権として許された。利益を上げて、株主が満足していれば、重役の出費は問題にはならなかった。鉄道会社が専用車を所有していて、それが社長の業務用車両と呼ばれていても、そこで実際に仕事をしていたかどうかはまた別である。所有者が個人か企業かにかかわらず専用車の大ファンを名乗るビーブは次のように書いている。「記録に残るなかでもっともぜいを凝らした専用車は、会社の取引をするためのつましい乗りものにすぎないと断固としていい張っていた、鉄道会社の社長のものだった」[16]

自分だけの車両は喜びと楽しみ以外の何ものでもないと開けっぴろげに語っていたビーブは、最後まで専用車を保有していたひとりである。１９０２年に生まれ、１９６６年に没したビーブは小粋で洗練されたエドワード7世時代風の生涯を送った。実際には、自分の好みに合わない少しあとの時代に成人したため、なおのことその時代に魅了されたのだろう。ボン・ヴィヴァン（美食家）と称されることが多く、それがファーストネームだとまちがわれることもあったようだ。ビーブはボストン付近の裕福な家庭に生まれた。典型的なボストン市民は落ち着きがあって、堅苦しく、昔かたぎだとするなら、ビーブは正反対だった。イエール大学は退学させられた。うわさでは、学生寮にルーレットを持ち込み、酒を提供したらしい。その後、彼はハーヴァード大学に行き、ニューヨークで名の知られた社交界ライターになった。『ストーク・クラブのバーの本 *The Stork Club Bar Book*』を著した彼は、鉄道の絶頂期だった黄金時代にまつわる話やいい伝えにのめり込んだ。ビーブは著書、共著含めて十数冊の鉄道関連本を書き上げた。その多くには彼自身が撮影した写真が載せられており、だれよりも鉄道ロマンを生かし続けた人物だといえる。

ビーブはあらゆる種類の鉄道車両について記しているが、なかでも豪華な専用車にぞっこんだった。鉄道黄金時代が過ぎてからの1961年に刊行された、『ミスター・プルマンの格調高いパレス・カー *Mr. Pullman's Elegant Palace Car*』で、彼はこう述べている。

> その車両を所有しているということは、ぜいたくな設備と、よくいわれるような鉄道ならではのロマンティックな隠れ場所という性質の両方を手に入れたということだ。その組み合わせが、パレス・カーをかのホープダイヤモンドより魅力あるものにしている。（中略）成功を収めた八百屋や電気屋にはスイミングプール。ひと儲けした株の仲買人にはフ

ロリダのパームビーチとカルティエのつけ払い。深緑色の光沢と、真鍮の手すりがつけられた展望室を持つプライベート・プルマンがフロリダ、デルモンテ、あるいはアディロンダック山地へと走るとき、それはまさにアメリカ経済における大貴族や大領主のためのものでしかない。[17]

ビーブは鉄道の専用車両の価格について、サンフランシスコの高級住宅街ノブ・ヒルにある大邸宅より安いと説明している。大邸宅が300万ドルだとすれば、専用車は5万〜25万ドルで造ることができた。ビーブはそれをお買い得だと考えていた。ビーブの世界ではそれほどの費用でも法外ではなかったのかもしれないが、個人専用車の所有に関連するその他の費用については詳細に述べていない。所有者が専用車に乗って旅するときに鉄道会社に払う料金、乗っていないときに停めておく車両基地での保管費用、車内の備品、維持管理費、そして使用人の賃金などもその上に積み重なる。

一般に専用車には、8〜10人は座れるダイニングルーム、リラックスしながら景色を楽しむことのできる展望室、浴室つきのマスターステートルーム、ゲストルームが4〜5室、貯蔵スペースや冷蔵ボックスとリネンの収納戸棚つきで設備の整った調理室、使用人が寝泊まりするスペースがあった。広さはオーナーのニーズや好みによってさまざまだ。ダイニングエリアの広さ、ゲストルームの数、マスタールームの大きさはいくらでも変更できた。車両はオーナーの希望次第でどのようにでもなった。

イタリア製大理石のバスタブ、薪を使う暖炉、図書室、ワインセラーなどの特別仕立てはオーナーの好みに合わせせられた。もちろん、専用車を持つ人はお抱えのシェフと給仕を乗せていた。通常の使用人にくわえてイギリス人の執事や召使いを雇い、そろいの制服を着せている人もいた。まるで汽船やそれぞれの家でパーティーをするかのように、ディナーのためにゲストが着飾ることもあった。

オーナーたちは浪費ともいえるほどの食事をしていたのだから、食品のコストもばかにならなかったにちがいない。悪名高い19世紀の投資家で鉄道王のジェイ・グールドは、自分は胃腸が弱いと信じて、食事をミルク、フィンガービスケット、シャンパンに制限していた。そこで、いつも専用の焼き菓子職人を同行させ、毎日新しいフィンガービスケットを焼かせていた。もちろん、シャンパンはつねにあり余るほど冷やされていた。またミルクは新鮮なだけでなく、決まった種類のものがいつでも飲めるようにと、自分の専用車を引いている汽車の荷物車に乳牛を乗せていた。しかもただの乳牛ではない。グールドが自分に合うと考えていた乳脂肪分を含む乳を出す特定の乳牛だった。

専用車に専用シェフがいたということはつまり、オーナーやそのゲストには決められたメニューがないということである。キャビアのサンドイッチからフランスの焼き菓子まで、彼らは自分たちの食べたいものを食べたいときに用意させることができた。逆にいえば、世界の高級料理ではなく自分の母親や祖母が作っていたシンプルな家庭料理が食べたければ、それもできたということである。

自分のやりたいようにやるのが専用車の基本だった。例外ではない。ビーブによれば、きのこが大好きだった専用車のオーナーは、自分の車両の下できのこを栽培していたという。信じられないような話だが、それが真実であるかないかは別として、そこからは、富裕層の一部が自分の願望を満たすべく極端な行動に走るようす、そして、金持ちにまつわるいい伝えや彼らの奇癖に夢中になる世の人々の好奇心がよくわかる。

専用車のシェフ

ルーファス・エスティスの人生は奴隷から始まった。のちに、彼は名の知れたプライベートシェフになり、本も書いた。彼は9人兄弟の末っ子として1857年にテネシー州で生まれた。南北戦争が始まると「近隣数キロ以内の男の奴隷がみな逃げて『ヤンキー』（北部人）に加担したため、残されたわたしのような幼い者が重荷を負わされた」と彼は記している。まだ5歳だったにもかかわらず、彼は水を運び、牛の面倒をみて、農場の多くの雑用をこなした。戦争が終わって自由になってからは臨時の雑用などをしていたが、16歳のときにレストランで働き出した。彼はそこで腕を磨いてすばらしい料理人になったにちがいない。なぜなら、26歳のときにプルマンに雇われ、重要な顧客に食事を出す食堂車を任されたからである。名高い探検家のヘンリー・モートン・スタンリー、ベンジャミン・ハリソン大統領、グローヴァー・クリーヴランド大統領、有

元奴隷だったルーファス・エスティスは個人専用食堂車のシェフになり、本を書いた。
ドーヴァー出版蔵。

名歌手のアデリーナ・パッティ、スペインのエウラリア王女のために、彼は料理を作った。

1894年、エスティスは、桜祭りを見に行くネイザン・A・ボールドウィン夫妻の専用シェフとして、東京への船旅に同行した。アメリカに戻ってからはプルマンを辞め、百万長者の鉄道事業家で、スティルウェル・カキ専用車を考案したアーサー・スティルウェルの2万ドルの専用車を任されることになった。

1907年、エスティスはUSスチールのシカゴの系列子会社でシェフを務めた。1911年に刊行された彼の著書『ごちそう *Good Things to Eat*』は、1999年に再版されている。まえがきで彼は、同書は「才能と経験」から生まれたものであり、料理が「家庭でも宴会でも同じように美しくテーブルを飾ること」を願うと述べている。[18]

エスティスのレシピは朝食からデザート、狩猟鳥からオクラのシチュー、豚足からパフェまで、すべてを網羅している。多くは日常の料理だが、お祝いの席にぴったりなものもある。『ごちそう』では、世界各国の高級料理を連想させる料理がたくさん取り上げられている。カキ、ビスク、ロースト、ブール・メートル・ドテル（ハーブなどを混ぜ込んだバター）を添えたステーキ、スフレのレシピがある。エスティスはまた、アメリカ南部の伝統料理やシンプルなキャセロール（オーブン煮込み）、はてはベジタリアン料理まで載せている。おそらく客がそうしたものを望んだのだろう。

意外なことに、『ごちそう』には、エリートの食事に欠かせなかったコンソメのレシピがない。ロブスター、はまぐりなどの二枚貝、カキのビスクなどスープのレシピはたくさんある。ウミガメスープ用の肉団子のレシピはあるが、ウミガメスープそのものはない。肉団子はウミガメ肉を使い、火を通してから、熱いスープにくわえる。このレシピは「四旬節の料理」のところに入っている。ウミガメは魚に分類されていたため、肉が禁じられていた四旬節にも食べることができたのだろう。しかしながら、エスティスは鶏肉で作るさまざまな肉団子、子牛のレバー、牛の骨髄も四旬節の料理に含めている。彼の四旬節の解釈はかなりゆるいといえる。

「ホワイトスープ」はエスティスのレシピのなかでもっとも上品なスープである。これは肉でとっただし汁、フランスパンをおろしたもの、アーモンド、クリームに火を通し、絹でこして、なめらかな口当たりにしたものだ。このスープの起源は少なくとも17世紀フランスにさかのぼり、当時の料理人ラ・ヴァレンヌが著書『フランスの料理人 17世紀の料理書』〔森本英夫訳・解説。駿河台出版社。2009年〕で、それをポタージュ・ア・ラ・レーヌ、つまり女王のスープと呼んでいる。ジェイン・オースティンのファンなら『高慢と偏見』で、ビングリー氏が、料理人がホワイトスープをたっぷり作ったら、すぐにネザーフィールドで開催する舞踏会の招待状を手配をしようと語るシーンを思い出すかもしれない。レシピは時とともに変化したが、いつの時代にもエレガントなスープだと考えられている。まさに女王にふさわしい。あるいは、20世紀の鉄道王にも。

エスティスの本は内臓肉がもてはやされた時代を映し出してもいる。彼の本には直火焼きにした羊の腎臓、子牛や羊のタン、羊の脳みそなどのレシピがある。ブランズウィック・シチュー(豆、野菜、ジビエなどのトマトベースのシチュー)、サザン・コーンケーキ、ピーカンナッツケーキなどのレシピは、アメリカ南部の影響を受けている。エスティスは、さつまいもには砂糖をくわえると書いている。「そのほうが南部の人の口に合い、もともと甘みのある野菜にも砂糖を足したほうが喜ばれる」ためだった。[19]

肉の代わりにナッツ粉や砕いたナッツを用いたレシピがいくつもあることから、エスティスの顧客のひとり、もしくはその顧客がもてなしたゲストのだれかがベジタリアンだった可能性がある。彼の「ピーナッツ・ミートーズ」は、コーンスターチ、トマトジュース、ピーナッツバター、塩を混ぜ合わせ、缶に注いで、4〜5時間蒸したものだ。ナッツハッシュ（じゃがいもとありあわせの野菜を刻んで炒め煮にしたところにナッツを混ぜ合わせたもの）や、野菜とナッツのオーブン焼き、くるみパン、ナッツとパースニップのシチューなどのレシピもある。これらはみな当時のベジタリアン向け料理だった。[20]

『ごちそう』のもっとも意外なところは、倹約である。金ぴか時代の金持ち、有名人、好みにうるさい人々を相手に専用シェフを務めていたにしては、エスティスは驚くほど費用を意識したレシピを作っている。専用車の客ではなく、もっと幅広い客に訴えようとしていたのだろうか？　あるいは、専用車でも費用を安く抑えるやり方を駆使していたのだろうか？　それとも、料理をする一般の人にまで読者層を広げるつもりだったのか？

「キッチンメイドの心得」の項目で、彼は前日のディナーの残りをランチに活用する方法を勧めている。[21] 残った肉料理がハッシュ、キャセロール、ラグー（シチュー）に使われている。「ネックのような〔肉〕質のよくない部分はカレーにできる」と書いてある。「ハムの切れ端とえんどう豆」と名づけられたレシピは、残りもののハムを刻み、缶詰のグリーンピース、ホワイトソースと合わせて、パン粉をかけ、オーブンで焼いたものだ。[22] 彼は、ビーフ・ラグーは「冷製肉料理の残りを用いるひとつの方法」だと述べている。[23] 残ったマッシュポテトは丸めて揚げる。また「エイミーおばさんのケーキ」は「おいしいうえに安く作れる」と表現している。[24] こうしたレシピでは、エスティスは専用シェフというより倹約家の主婦のようだ。

むろん、豪華な料理も掲載されている。ある例では、エスティスは1羽の七面鳥に1・5～2キロものトリュフを詰めている。[25] 現在ほど高価ではなかったとはいえ、当時でもやはりトリュフはぜいたく品で、1・5～2キロは途方もない分量だった。

エスティスにとって、見た目は重要だった。思いつきのような「鳥の巣のサラダ」は、レタスを「皿ごとにかわいらしい巣のように盛りつける」。クリームチーズにみじん切りのパセリを練りこんで斑点のある小さな卵を作り、それをレタスの巣に入れる。彼は「レタスの下に隠すように」フレンチドレッシングをかけて出すことを勧めている。彼はまた、トマトを丸ごと湯通しして皮をむき、種を取りのぞいてバスケット状にして、そのなかに野菜やチキン、シーフードのサラダを入れてもいる。バスケットの持ち手にはクレソンの茎が使われている。[26]

もっとも手の込んだ料理のひとつは「マーブルチキン」だ。まず、蒸した鶏肉の白い部分と色が濃い部分を取り分け、粗く刻んで、交互に層になるように重ねて型に入れる。そこへ鶏だしを注ぎ込む。十分冷やしたのちに型から出し、縞模様がきれいに見えるように「マーブルチキン」をスライスして、クレソンと輪切りのレモンを添えて出す。[27]

エスティスのデザートはみごとである。プディングは当時もっとも人気のあったデザートで、りんごからインド風まで、ソースと合わせて十数種類のレシピが掲載されている。また、数えきれないほどのパイ、焼き菓子、スフレ、ケーキ、アイシング、フィリングがあり、アイスクリームも豊富で、砂糖漬けのチェリーやアンゼリカで飾られた、珍しいブラックカラントアイスもある。エスティスによれば、彼のクランベリーシャーベットは感謝祭のディナーで「ローストのあとに」よく出される。スミレの砂糖漬けのレシピには「汚れや傷のない白や青紫のスミレの花を必要なだけ集めること。できればまだ朝露が残っている早朝に摘むのが望ましい」と書かれている。[28]

『ごちそう』はのちの世代にとってすばらしいレシピ集となった。意図されていたかどうかはわからないが、それは当時の味をのぞかせてくれることにもなった。

20世紀初めは鉄道と乗客にとっての黄金時代だった。時とともに、鉄道の旅は高速でおしゃれなものになった。裕福な人々は他に類を見ないスタイルで旅と食事をした。普通の人々はようやく、ぜいたくとはいわないまでも、快適な旅ができるようになった。未来は明るいように見えた。第一次世界大戦、大恐慌、そして鉄道にとって同じくらい深刻な航空機と自動車の発展は、まだおぼろげな地平線のかなたにあった。

まずはスープから

19世紀末から20世紀初めにかけて、ほとんどのレストラン、ホテル、鉄道の食堂車で、メニューはスープから始まった。コンソメからウミガメスープ、ブイヨンから野菜クリーム、クラムやカキのチャウダーまでいろいろなスープがあり、あたかもスープがなければ食事ではないといわんばかりだった。

ホワイトスープはなかでも評価が高かった。さまざまな名前で呼ばれてきたそのスープには長い輝かしい歴史がある。女王のスープと呼ばれることが多いそのレシピは、1651年にパリで刊行された、著名なフランス人料理人で著作もあるフランソワ・ピエール・ド・ラ・ヴァレンヌの『フランスの料理人17世紀の料理書』で初めて文字になった。それが英語に翻訳されると、イギリスとアメリカの料理本にさまざまなアレンジが出現した。基本的にはいろいろなものを煮込んだスープをこして、アーモンド、パン粉、クリームあるいは牛乳をくわえて濃厚に仕立てたものである。卵を入れることもあった。スープにはたいてい小さな丸パンが添えられた。丸パンにアーモンドスライスを突き刺して、ハリネズミスープと呼ぶこともあった。ラ・ヴァレンヌはざくろの種とピスタチオでパンを飾り、熱した石炭シャベルで表面に焼き色をつけている。サラマンダー（天火焼き器）、あるいは今でいうなら料理用のバーナーでも同じことができる。

次のレシピはプルマン社の専用車担当シェフだったルーファス・エスティスの料理本『ごちそう』に掲載されているものである。

ホワイトスープ

脂肪の少ない牛すね肉2・7キロをなべに入れ、2リットルの水をくわえて火にかけ、弱火でことこと煮る。だしがとれたら肉を取り出す。そこへ子牛の足2・7キロ、ハム110グラム、玉ねぎ4個、セロリ4株を小さく刻んで入れ、さらにこしょうの実を少々とスイートハーブ1束をくわえる。浮いてくる脂肪分をすくいとりながら、弱火で7～8時間煮込む。丸いフランスパン2個分のパン粉とゆがいて皮をむいたスイートアーモンド60グラムを混ぜ合わせ、クリーム1パイント（473ml）と少量のだし汁とともになべに入れて、10分間沸騰させる。木製のスプーンを使って絹の布でこす。スープにクリームとアーモンドを混ぜ入れて、容器に注ぎ、食卓に出す。

19世紀の飲みもの

1920年に禁酒法が出される前のアメリカでは、バーテンダーにたくさんのレパートリーがあった。なかでもよく飲まれていたのは、シェリー・コブラーと呼ばれるドリンクである。基本のコブラーは、砂糖、柑橘系の果実、たくさんの氷と蒸留酒をシェイクしたものだ。さらにフルーツやベリー類を飾って、ストローをつけて出す。ウイスキー、ラム酒、シャンパンなどいろいろなコブラーがあるが、シェリー酒のコブラーはだんとつで人気があった。アメリカ人はこの飲みものが大好きだった。実際、大胆な女性はアイスクリームショップでおいしいアイスの代わりにこれを頼んだほどである。イギリス人は、ディケンズの小説に登場するマーティン・チャズルウィットが物語のなかで同じ名前の飲みものをほめちぎってから、のめり込むようになった。

次のレシピは、19世紀のアメリカでもっとも名を知られていたバーテンダー、ジェリー・トーマスによるものである。シェリー酒の種類は指定されていない。わたしはオロロソを用いて、砂糖は省略する。

シェリー・コブラー（グラスは大きなものを用いる）

上白糖…大さじ1
輪切りオレンジ…1枚（4等分する）
パイナップル…小片2切れ

グラスにほぼいっぱいまでかき氷を入れ、縁ぎりぎりまでシェリーワインを注ぐ。シェイクして、季節のフルーツを上に飾り、ストローをつけて出す。

――ジェリー・トーマス、『ドリンクの作り方　美食家の手引き *How to Mix Drinks, or The Bon-Vivant's Companion*』

トーマスはまた、クラスタというドリンクを『カクテル』の進歩」と呼んでいる。クラスタはブランデー、ジン、あるいはウイスキーがベースだ。ほかとちがうところは、注ぐ前にグラスの内側に幅が広めのレモンの皮を敷いておくことである。皮は飾りになると同時に、ドリンクにフレイバーも添える。しかしながら、皮がすべらないように飲むのが若干難しい。最近になってまた、クラスタはヴィンテージドリンクとして復活している。次のレシピはジェリー・トーマスのものである。

クラスタ

ガムシロップ…3〜4ダッシュ
ビターズ（ボガーツ）…2ダッシュ
ブランデー…ワイングラス1杯
キュラソー…1〜2ダッシュ
〔1ダッシュ＝約1ml〕

レモンの皮を絞る。氷をグラスの⅓まで入れて、スプーンでかきまぜる（小さいバーグラスを使用）。

ウイスキーとジンのクラスタも、ブランデーの代わりにウイスキーかジンを使って、ブランデークラスタと同じように作る。

クラスタは少量のレモン汁と小さな氷のかたまりをくわえたおしゃれなカクテルだ。まず、小さいタンブラーに材料を入れる。次に、上品な赤ワイングラスの縁にスライスしたレモンをこすりつけてから、グラスの飲み口に砂糖がつくように、軽く白砂糖に浸す。レモン半分をりんごのようにらせん状にむいて(途中で切れないように)、ワイングラスの内側に貼りつける。そしてタンブラーのクラスタをワイングラスに注ぐ。

仕上げに、にっこり微笑む。

――ジェリー・トーマス『ドリンクの作り方 美食家の手引き』より

現代のクラスタ　2杯分

レモン
砂糖
ブランデー…85g
オレンジキュラソー…20g

ビターズ…1ダッシュ
レモン汁…10g

1. くし形に切ったレモンでグラスの縁をこすり、縁を覆うように少量の砂糖をつける。
2. ピーラーでレモンの皮を広めにむき、グラスのなかに敷く。
3. 冷やしたシェイカーにそれ以外の材料を入れてシェイクする。
4. レモンの皮を動かさないように慎重にグラスに注ぐ。
5. 仕上げに、ジェリー・トーマスがいうように、にっこり微笑む。

第5章　食事のスリム化

1918年11月11日、プルマン製車両2419Dはヨーロッパでもっとも知られる食堂車になった。その名声は車内で出される食事によってもたらされたのではない。派手に飾られた内装や、完璧なサービスでもなかった。車両が、第一次世界大戦の終結を決定づける場所となったのである。その朝、フランス、イギリス、ドイツ政府の代表がその食堂車に集まり、すべての紛争を終わらせるためだった戦争に終止符を打つ休戦協定を結んだ。

2419Dは連合軍の指揮官だったフェルディナン・フォッシュ元帥の執務室に作り変えられており、パリの北方およそ65キロ離れたコンピエーニュの森に置かれた移動司令部の一部となっていた。その車両で、ドイツは敗北を認め、連合国は勝利を宣言した。その後、正式な平和条約がヴェルサイユで調印された。戦後、コンピエーニュのその場所には、花こう岩の記念碑と食堂車の格納庫が作られた。何年ものあいだ、大戦の退役軍人が前に立って記念碑と食堂車を守り、世界各地から敬意を表するために人々が訪れた。

第二次世界大戦中の1940年にも、フランスとドイツの休戦協定が2419Dで調印された。このときの勝者はドイツだった。協定を結んだヒトラーは車両をドイツに運び、ブランデンブ

1918年11月11日に休戦協定が結ばれた食堂車の土産用カード。
ブリッジマン・アート・ライブラリー蔵。

ルク門の横に展示した。そしてドイツは、森にあった休戦広場を破壊した。残ったのは壊れた線路だけだった。終戦直前、敗北が見えてくると、ヒトラーはフランスが再びその車両で勝利を宣言するなど見るに堪えないと、その食堂車の破壊を命じた。戦後、車両のレプリカが作られ、再建された休戦広場の休戦協定博物館に展示された。現在はコンピエーニュの森の休戦記念館と呼ばれている。

第一次世界大戦の悲劇について述べるのは難しい。だが、単純に鉄道に関わることでいえば、ヨーロッパ各地で車両と線路が破壊され、貨物と旅客サービスが妨げられ、食料の供給が中断された。

アメリカへの影響は小さかった。台所で使用する油を軍需品のために節約する、あるいは肉や小麦を食べない日を設けるといった多少の不便は、ヨーロッパの欠乏状態に比べれば容易に耐えられる変化だった。おまけに、シカゴ・ミルウォーキー・セントポール鉄道の「肉なし火曜日」の朝食メニューから察するに、肉を食べない日でも鶏などの家禽の肉は許されていたようである。新鮮なくだものやジュース、温かいまたは冷たいシリアル、さまざまに調理されたカキ、白身魚のグリル、サバの直火焼き、カニのグラタンとならんで、半身チキンのグリル、細く引き裂いたチキンをのせたトースト、ひなバトの直火焼きがメニューに載せられている。[1]犠牲を払っているとはいいがたい。

　終戦後まもなく鉄道は復旧して1920年代に向かって走り出した。次の大戦までのあいだに路線が拡大し、再び旅行が始まった。アメリカ東部のアディロンダック山地やプラシッド湖から、西部のマウントレーニア国立公園やカスケード山脈まで、鉄道各社は行く先々の絶景を描いた美しいポスターで宣伝した。イギリスのポスターにはケンブリッジの田園を進むボートの旅が、イタリアではコモ湖やヴェネツィアの穏やかな美しさが、フランスでは古い大聖堂のポスターが、インドの国営鉄道ではカシミールの雄大な山々が描かれた。それはまさに「鉄道で」世界を見に行く時代だった。

　鉄道各社は快適さと他社にはない特典を前面に出して、たがいに競い合った。アメリカでは、豪華列車が東海岸に沿ってフロリダの新しいリゾート地へ、スタンダード・オイル社のヘンリー・フラグラーが建てた豪勢なセント・オーガスティンホテルへと乗客を運んだ。格調高い客車と高級料理だけがこの時代の売りではない。鉄道各社は新たに特別なオファーを出そうとしのぎを削っていた。列車フロリダ・スペシャルは弦楽4重奏と水着のモデルが目玉だった。水着の最新作を見たい女性もおそらくそのファッションショーを楽しんだのだろうが、男性の乗客の目を楽しませたことはまちがいない。[2] 南部では、豪華列車サンセット・リミテッドがニューオーリンズとサンフランシスコ間を走り、その食堂車「エピキュア」（美食家）では「現地の気候に合わせた、その地ならではの珍味」が出されていた。[3] セントルイスとメキシコシティ間を走っていたサンシャイン・スペシャルでは、昔ながらのアメリカのソーダ・ファウンテン（清涼飲料水売り場）がセールスポイントだった。[4] グレート・ノーザン鉄道の豪華列車は、終点のシアトルから極東の港へ向かう同社の船が出航していたため、オリエンタル・リミテッドと呼ばれていた。その列車は高級料理、図書室、ビュッフェ、大きなガラス窓のある展望室にくわえて、アフタヌーンティーのサービスがあることでも知られていた。午後4時きっかりに、食堂車のウェイターが紅茶をいれ、制服を着たメイドが上品なケーキの皿を乗客に差し出した。当時の写真では、流行の服に身を包んだ4人の女性が、展望室で一緒にお茶を楽しんでいる。

カナダ太平洋鉄道は東のケベック州モントリオールから、西のブリティッシュコロンビア州ポートムーディまで、豪華列車で客を運んだ。ただし、西部の定住を促すために運賃とサービスを抑えた座席も用意していた。[5]

ヨーロッパの豪華列車の旅は、スピーディーに、さらに華々しくなって戻ってきた。1920年、世界でもっとも有名な列車のひとつであるフランスの優雅なル・トラン・ブルー（青列車）、正式名称カレー・地中海急行が運行を再開した。第一次世界大戦より前、南欧行きの列車に乗る人はもっぱら健康のために暖かい地域に移動する人々で、冬しか列車を利用しなかった。とりわけ裕福なイギリスの旅行客が、かの国の暗くて寒い季節から逃れて、太陽が輝くリヴィエラで英気を養おうとル・トラン・ブルーに乗った。まもなくベルギー、ロシア、さらにはアメリカの人までもがそれに追随した。1920年代になると、夏でも地中海沿岸地方に行くことが流行になった。

洗練されたダークブルーの寝台車からその名がついたル・トラン・ブルーは、季節に関係なく、カレーやパリからカンヌ、ニース、モンテカルロ、マントンへ向かう最高級の旅の手段だった。イギリスの皇太子（のちの国王エドワード8世）、チャーリー・チャップリン、ココ・シャネル、ウィンストン・チャーチル、小説家のF・スコット・フィッツジェラルドとその妻ゼルダほか、社交界の名士がその乗客だった。ル・トラン・ブルーはモダンでシックだった。アガサ・クリスティーはそれを百万長者の列車と呼び、1928年の小説『青列車の秘密』の舞台に使った。

列車に捧げるバレエもある。『青列車』はバレエ団バレエ・リュスの1920年代の演目として脚光を浴びた。当時のライターは「リヴィエラの旅行シーズンにル・トラン・ブルーの座席が取れないのと同じくらい、バレエの座席もとれない」と述べている。芸術界の名士たちがそのバレエの制作に関わっていた。ブロニスラヴァ・ニジンスカが振付、ジャン・コクトーが台本、ココ・シャネルが衣装デザイン、アントン・ドーリンが主役、そしてパブロ・ピカソが舞台美術を担当していた。バレエの舞台はじつは列車ではない。むしろ、その時代の流行をモチーフにして列車の名前を用いたものである。団長のセルゲイ・ディアギレフは演目解説でこう述べている。「このハイスピードの時代にあって、列車はもう目的地に到着して乗客を下ろしてしまったことだろう」[6]

1920年代、ロンドンにあったブルー・トレインという名のレストランは、列車をたたえて、画家ジェフリー・ホートン・ブラウンの手による壁画で飾られていた。現在、そのレストランはすでになく、壁に直接描かれていた絵も失われてしまった。

近年まで、ニューヨーク市の百貨店ブルーミングデールズの人目につかない最上階にレストラン「ル・トラン・ブルー」があった。パリのリヨン駅にある同名のレストランの華やかなベル・エポック様式とは異なり、ブルーミングデールズのル・トラン・ブルーはより控えめなアール・デコ調で飾られていた。最初の列車の食堂車をモデルにしたその内装は、マホガニー材の羽目板、鏡、ヴィンテージもののランプ、真鍮の荷物置き場、緑色のビロードの座席、伝統的な白のテーブルクロスで装飾されていた。1979年に作られたそのレストランは、ブルーミングデールズの社長だったマーヴィン・S・トラウブが生みの親である。ランチやブランチ向けに、ステーキとフライドポテト、ブリオッシュのフレンチトースト、ベルギーワッフル、フランスの高級食材店ペトロシアンのスモークサーモン、フランスの焼き菓子などがメニューにならんでいた。同店は買い物客はもちろん、鉄道愛好家にも人気があった。

オリエント急行

第一次世界大戦が始まる前の20世紀初頭はオリエント急行の絶頂期だった。それはまさに国王や帝王に似つかわしい列車であり、そうした人々が自分にふさわしいと考える恭しさでもてなされ、彼らが日ごろから慣れ親しんでいるぜいたくで埋めつくされていた。戦後、流行を追う人々は新しいシンプロン・オリエント急行に流れたが、オリエント急行にもまだファンがいた。1935年になってからでさえ、タイム誌のライターは典型的な同誌のスタイルで列車を描写している。

20世紀特急にさえなかったような鉄道の魅力が、半世紀を経てもなおオリエント急行にはあるらしい。ニューヨーク・セントラル鉄道のかの有名な特急がシカゴで実業界の大物を降ろし、映画女優をブロードウェイに運ぶあいだにも、オリエント急行は、本物のヨーロッパと怪しげなアジアとのあいだで、国王、詐欺師、虚勢を張ったバルカン半島の将軍、そして、国境警備隊に渡す賄賂で通れるだけの数のスパイを、カビ臭いがたがたのデラックス列車で運び続けている。[7]

シンプロン・オリエント急行がデビューして、第一次世界大戦後の1921年にアルプス山脈を通るシンプロン・トンネルの拡張工事が終わると、流行に敏感な旅行者はそちらに乗るようになった。1919~1939年、豪華なシンプロン・オリエント急行は、パリからスイスのローザンヌを通り、アルプスを抜けてイタリアのミラノへ、さらにヴェネツィア(ヴェニス)、現在のセルビアのベオグラード、ブルガリアのソフィアを通ってイスタンブールへと走っていた。その路線は当初のオリエント急行より所要時間が短く、すぐに人気が高まった。タイム誌によれば、列車はパリからイスタンブールまでの全長３０３５キロを「８か所の国境で停車してぶらぶらする時間を入れても」２日半で結んだ。なかでも目を引く設備はシャワーつき浴室車である。[8]じつはこのシンプロン・オリエント急行こそが、アガサ・クリスティーの『オリエント急行の殺人』でエルキュール・ポアロが乗車し、雪で立ち往生して、殺人事件に直面した列車である。

クリスティーの本と同じように、当時の列車はよく雪で動けなくなった。１８８６年には、現在なら3時間しかかからないイングランドのニューカッスルからスコットランドのエディンバラへと向かっていた列車が、月曜の朝から土曜の夜まで雪で立ち往生した。何日ものあいだ、溶けた雪以外に食べるものも飲むものもなかった。鉄道経済学者のウィリアム・アクワースによると、乗務員がなんとか近くの町まで行って「ありったけの食料を買い込んできた」という。「ハム、ローストビーフ、羊の肩肉、パンがたくさん入った2～3の布バスケット、大量のたばこ」が運び込まれた。[9]

１９３４年に刊行されたクリスティーの本は、１９２９年1月に発生した吹雪から直接ヒントを得たものかもしれない。そのときはイスタンブール行きのヴェニス・シンプロン・オリエント急行がひどい吹雪に見舞われた。列車は悪天候のなかを進んだが、国境を越えてトルコに入ったところで立ち往生した。外は荒れ狂う猛吹雪で、気温は氷点下になり、すべての通信が途絶えた。車内には暖房がほとんどなかった。９日ものあいだ雪に閉ざされ、まもなく食べものが底を

ふたつの大戦のあいだは、シンプロン・オリエント急行が旅の流行最先端になった。
ブリッジマン・アート・ライブラリー蔵。

ついた。残っていたのは紅茶だけだった。ある乗客が語ったところによると、近くの村のレストランが1日1食を届けてくれたほか、地元の農家が列車まで歩いてきて、途方に暮れていた乗客たちにパンを売った。最終的に、雪かき車による除雪が完了してようやく、列車はイスタンブールに向かって走りだすことができた。[10]

1931年には悪天候で線路が流されて、クリスティー本人もシンプロン・オリエント急行に閉じ込められた。そうした状況が、不朽の名作のひとつである『オリエント急行の殺人』のヒントになったのだろう。クリスティーの小説では食料がつきる話は出てこない。幸運なことに、雪で立ち往生した実際の列車内では殺人事件は発生しなかった。

たいていの場合、列車はなにごともなく高速で走り、食事は十二分にあった。乗客は飛ぶように走る田舎の風景を眺めながらの食事に心を躍らせた。彼らは実際、何を食べるかというより、動く列車のなかで食事をするということ自体に胸をときめかせていた。展望車に座って流れゆく景色に見とれ、朝食は食堂車でとるか部屋でとるかをボーイに告げ、リラックスして好みのカクテルをすすりながらメニューを選ぶ――コンソメの質の高さはもとより、そうした体験すべてが同じくらい重要だった。

多くの作品を書いたイギリス人作家のベヴァリー・ニコルズは次のように述べている。

> 食事というだけで楽しみなものだが、鋼鉄とガラスのすばらしい乗りものが見知らぬ土地をびゅんびゅん走るなかでいただくという状況がなおのこと魅力的である。列車でとる

昼食が楽しくないという人はどこかおかしいとしか思えない。

ニコルズは著書『わが家にまさるものはない *No Place Like Home*』で、1930年代にオーストリアからハンガリー、そしてギリシャ、トルコ、昔のパレスチナを旅したときのようすを描いている。彼はハンガリーでのオリエント急行の昼食について熱く語っている。それは「パリッとした丸パン、ポテトサラダ、子牛とプティ・ポワ（えんどう豆）、厚切りのフロマージュ・デュ・ペイ（地方のチーズ）で、飲みものはタンブラーで飲む白ワイン（それしか器がなかった）」だった。けれども彼は、そのランチを車内で食べるということが、なおのこと楽しかったようだ。「列車内ではだれにも干渉されない。まさに自由だ。だれかが電話をかけてくることもない。（中略）最高だ！[11]」

不思議なことに、多くの書籍や記事がすでに反対のことを告げていたにもかかわらず、ニコルズは鉄道が過小評価されていると信じていた。たくさんの人が「乗合馬車、徒歩、あるいは小舟の旅のロマンを語るが、ワゴン・リの旅のロマンはだれも賛美しようとしない[12]」。いかにも、ほとんどの人は20世紀特急のような特定の列車を賛美していた。

20世紀特急

ラストランから長い年月が経っても、想像をかき立て、アーティストにインスピレーションを与え、いつまでも乗客の心に残る列車がある。オリエント急行やル・トラン・ブルーがそうだが、アメリカでは20世紀特急もまたそうだった。ニューヨーク・セントラル鉄道の豪華列車、20世紀特急はその名のとおり、1902年にデビューしてニューヨークとシカゴを結んでいた。ほかの列車より速く、運賃も高いだけでなく、すばらしい設備とサービスでも知られていた。男性客は乗車時にブートニエール（上着の襟につける花）を、女性はコサージュをプレゼントされた。10年目を迎えるころには「世界でもっとも有名な列車」と宣伝されていた。1967年のラストランでは、ニューヨーク・タイムズ紙が「65年ものあいだ、鉄道愛好家のあいだで世界最高の列車として知られていた」と報じている。[13] 20世紀特急の影響は映画、書籍、戯曲、ブロードウェイのミュージカルにまでおよんだ。この列車にちなんだカクテルさえある。

ニューヨーク・セントラル鉄道の旅客担当で、列車を命名したジョージ・H・ダニエルズは、赤帽サービスの生みの親でもある。彼は1896年の広告でそれを世に広めた。「ニューヨーク、グランドセントラル駅で無料つき添いサービス開始。『赤帽』をかぶった係員がご要望に応えて、タクシー、車、高架列車まで荷物を運びます」。まもなく鉄道各社が同様のサービスを始めた。[14]

20世紀特急は高級料理でも知られていた。初期のメニューにはいろいろなものが載っていたが、特にロシア製キャビアのカナッペで注目を浴びた。1920年代には、トレードマークの料理にレイクトラウト、シビレ（子牛や子羊の膵臓や胸腺）の直火焼き、チキンポットパイが含まれるようになった。給仕長、料理長、3名の料理人、6名のウェイターが、36席の食堂車をまかなっていた。[15] したがって、ほとんどの食堂車サービスと同じように利益が上がらなかったことは驚くにはあたらない。

日ごろからすべてが一流だった20世紀特急だが、特別な日あるいは特別な乗客の場合には、輪をかけてすばらしかった。名高いオペラ歌手のネリー・メルバ、テノールのジョン・マコーマック、バイオリンの名手フリッツ・クライスラーらが20世紀特急でシカゴへ向かった晩について、ビーブが詳しく記している。ビーブによれば、給仕長はその一行に、シェフが特別ディナーを用意している旨を告げた。一行は待っているあいだ、ラウンジでカクテルと会話を楽しんだ。まもなく給仕長がウェイターとともに戻ってきて、オードブルやザリガニのクール（魚介類の）ブイヨン、英仏海峡で獲れたカレイのワインとハーブソース、極上フィレ肉シャトーブリアンのステーキ、パリっとした新鮮なサラダなどの料理を出した。料理ごとにそれに合うワインが注がれた。デザートはもちろんペッシュ・メルバである。ビーブによれば、デザートが載せられた銀のトレイにはメモが添えられていた。「贈呈　20世紀特急より」[16]

列車の乗客リストにはル・トラン・ブルー同様、著名な人々が名を連ねていた。初めのころは、政治家ではセオドア・ルーズヴェルトやウィリアム・ジェニングス・ブライアン、女優のリリアン・ラッセル、実業家では「ダイヤモンド・ジム」・ブレイディやJ・P・モルガン、オペラ歌手のエンリコ・カルーソーらがみな乗車した。のちに、ジェイムズ・キャグニー、ビング・クロスビー、キム・ノヴァクといったハリウッドのスターたちの姿も見られるようになった。

列車は当初から評判がよかったが、1938年に新しい20世紀特急がデビューしたときに頂点に達した。新型車のスリムなデザインは１９３０年代の洗練されたスマートさの象徴で、時代のシンボルとしてもっとも多くの写真が残されている車両のひとつである。そのデザインは、イギリス国会議事堂の時計台を模した目覚まし時計、ベルの電話、スカイライナーの万年筆など、たくさんのものをしゃれたスタイルで世に送り出した名デザイナー、ヘンリー・ドレイファスの手によるものだった。

乗客は20世紀特急に乗る前から、文字どおり、赤じゅうたんのもてなしを受けた。グランドセントラル駅では、ドレイファスがデザインした列車のロゴがあしらわれた赤色の長いじゅうたんが敷かれ、乗客はその上を歩いて列車に乗った。オックスフォード英語辞典によれば、儀式で赤いじゅうたんの上を歩くのは「大昔の慣わし」であるらしい。丁重なもてなしを意味する「赤じゅうたんの待遇」という表現はおそらく20世紀特急によって広まったのだろう。

列車の内装は光沢のあるアルミとクロムの滑らかな曲線で作られていた。座り心地のよい革張りの座席は、ほかの列車のように同じ方向を向いて並んでいるのではなく、クラブにでもいるかのように向かい合わせにかたまって配置されていた。ラウンジの壁いっぱいに、ニューヨークとシカゴの高層ビルのシルエットを写した白黒の大型写真が飾られていた。食堂車は夜になると明かりが落とされ、音楽とダンスのしゃれたカフェ・センチュリーに姿を変えた。マッチからメニューの表紙まで、すべてにドレイファスの手が入っていた。[17]

ニューヨーク・セントラル鉄道の１９３８年版パンフレットでは、20世紀特急には「食堂車の予約やルームサービスの注文を容易にする」電話システムなど、画期的な新システムが導入されていると高らかにうたわれている。「展望車と食堂車には見えない場所にラジオのアンプ」が備えられ、乗客は最新の世界のニュースを聞くことができた。食堂車が「魔法のようにナイトクラブに変わる」と「レコードを自動で置き替えるレコードプレーヤー」がディナー後の音楽を奏でる。床屋、ボーイ、メイドはつねに待機しており、会議やスピーチの準備をする実業家のために秘書も用意されていた。[18]

20世紀特急の1930年代のディナーメニューもまた、スタイリッシュにスリム化されていた。前菜の定番はカニのルイ・カクテル、ロシア産キャビア、そしてコンソメ。メイン料理は、あぶり焼きのサーモンステーキ、プライムリブのローストビーフ、「子牛のカツレツ煮、きのこ、パスタ、プルーン添え」から選ぶことができた。デザートは「グリーンアップルパイ」「バナナショートケーキのホイップクリーム添え」「ニューヨーク・セントラル鉄道風焼きりんご」から選ぶか、各種のチーズだった。これらすべてにコーヒー、紅茶、ミルクのいずれかを入れて値段は1ドル75セントである。ぜいたくをしたい乗客には「20世紀特急風新鮮ピリ辛ロブスター」あるいは「プライムフィレミニョンのビーフステーキ、エシャロットバター添え」が2ドル35セントで用意された。メニューによれば、食堂車ではまた「RCAヴィクター社のご厚意により、ヴィクターレコードのアーティストによる音楽が選曲」されていた。

赤じゅうたんから赤帽まで、20世紀特急の旅はいたれりつくせりだった。

スリム化された姿

ふたつの世界大戦のあいだの時期は、列車、建物、ファッション、はては人間までがほっそりとスリムなシルエットになった。女優のリリアン・ラッセルのような豊満な体はもうもてはやされなかった。かっぷくのよい男性はもはや富の象徴ではなく、ただの肥満だった。ウィリアム・パウエルとマーナ・ロイが演じた映画『影なき男』の登場人物ニック・チャールズと妻ノラのように、すらりとしてあか抜けた見た目と生き方が望まれるようになった。スリムになった列車のメニューにもこの新しいスタイルが反映されていた。かつてのはやりの料理は時代遅れとみなされ、新しい料理がそれに取って代わった。コースメニューが減って、好きな一品料理が選べるようになり、固定価格のスペシャルセットもしばしば提供された。食事でも、軽食でも、サンドイッチでも好きなように、食堂車、ビュッフェ、座席の好きな場所で食べることができた。アメリカでは1933年まで禁酒法が施行されていたが、イギリスの列車にはカクテルバーがあった。

作家のクリス・デ・ウィンター・ヒーブロンによれば、鉄道各社がより豪華なサービスを提供しようと競い合ったため、1930年代のイギリスでは、既存の列車の改良や新しい列車の開発が進んだ。そうした名前のついた列車では、おいしい食事が重要だった。当時の記事は、「列車が高速で走っているあいだにゆったりと食事をすることは、今や鉄道の旅の常識である。このサービスがいかに国民に歓迎されているかは、イギリスの鉄道で年間約800万食が提供されているという事実から推し量ることができよう」[19]としている。イギリスのアイリッシュ・メール号に連結された豪華な食堂車は、依然としてほかの同等の列車よりも手の込んだ料理を提供していたが、それでもメニューはスリムになっていた。次にあげるのは、1937年の典型的な献立例である。

❖グレープフルーツまたはレンズ豆のクリームスープ
❖特上カレイ（オヒョウ）のデュグレレ風
❖ローストラムのミントソース
❖新じゃがのベイクドポテト
❖えんどう豆または冷肉各種
❖サラダ
❖パリ風アップルまたはバニラアイス
❖チーズ、ビスケット、サラダ
❖コーヒー[20]

半分に切ったグレープフルーツの中央に真っ赤なさくらんぼをのせて出すのが、当時のはやりの前菜だった。魚はデュグレレ風——トマト、玉ねぎ、エシャロット、タイム、ローリエの上にのせた魚に白ワインをかけて火を通した料理——に仕上げられた。「特上」という言葉は魚料理に用いられ、魚のフィレ、すなわち3枚おろしにしたときの身を指す。アドルフ・デュグレレは19世紀のフランス人シェフで、パリの有名なカフェ・アングレを監督していた。彼の名を冠した魚料理にくわえ、デュグレレは、ポム・アンナを創作したことでもよく知られている。これは薄く切ったじゃがいもにバターをつけてオーブン皿に積み重ねて焼いたもので、焼きあがったところで皿をひっくり返すと、みごとなきつね色のポテトのかたまりになる。たとえ皿をひっくり返すところで形が崩れても、味は上々だ。デュグレレは「料理のモーツァルト」と呼ばれていた。[21] アイリッシュ・メールのメニューにはまだ魚料理と肉料理の両方が含まれているが、それでもひと世代前のメニューに比べればずっと短くなった。

1930年代までに、ウミガメスープは代用ウミガメスープも含めてほとんどメニューに載らなくなった。コンソメはまだ残っていたが、「本日のスープ」が主流になった。クラムチャウダーや野菜のポタージュは人気があった。場合によっては、スープの代わりにトマトなどのジュースが出されることもあった。カキはメニューにはあったが、調理方法は少なくなった。たいていは、メニューにはただ殻つきカキと記されているだけで、以前のように十数種類が挙げられることはなくなった。むしろシュリンプカクテルのほうが頻繁に登場した。

多くの場合、魚料理と肉料理の両方ではなく、どちらか片方を客が選べるようになっていた。以前のメニューに必ずあったシカ、キジ、去勢鶏、ソウゲンライチョウなどの肉は、チキン、ローストビーフ、ステーキ、ハンバーガーに道を譲った。マトンはフムに置き換えられた。たくさん種類があった鴨は単純に鴨と表示された。うなぎのフライ、ニシンの燻製、塩漬けや蒸し煮にされたタン、内臓肉のシチュー、シビレのクルスタード（パイ包み）などはみな姿を消した。アメリカ人が最初はためらいがちだったイタリア料理に夢中になるにつれて、スパゲッティがたびたび出てくるようになった。

ポテト、ロブスター、チキンのマヨネーズは、ポテト、ロブスター、チキンのサラダになった。いくつもの鉄道が、当時の流行の最先端である、ひとりひとりのボウルに盛られたサラダを売り込んだ。なかでも20世紀特急のサラダは有名だった。レタス、玉ねぎの薄切り、ラディッシュ、きゅうり、セロリと一緒に、細かくしたロックフォール（ブルーチーズ）が入っていた。客に出す少し前に、その周りにスライスしたトマトがのせられ、直前にドレッシングがかけられた。シンプルなサラダだが、乗客は長年にわたってそのおいしさをほめたたえた。以前のベントのクラッカーの代わりに、サラダにはライ・クリスプのクラッカーが添えられた。

数少ない一部の鉄道ではまだチーズがデザートとならんで出されていたが、食後のチーズの盛り合わせは昔ほど一般的ではなくなった。アメリカでは、イギリスのプラム・プディングがデザートメニューから消えてなくなった。もちろん、イギリスでは変わらずにさまざまなプディングがならんでいた。

冷凍庫つき冷蔵庫が誕生してからは、とりわけアイスクリームの人気が高まった。また、アメリカではデザートメニューにジェローが登場した。これは覚えやすい名前とコメディアンのジャック・ベニーによるこっけいな宣伝のおかげで、1930年代に大ヒットしたゼリーデザートである。ベニーは自分のラジオショーの挨拶をハローの代わりに「ジェロー」で始めていたほか、寸劇にもよくジェローを取り入れた。

軽い食事、カジュアルな食べ方、アラカルトメニューにくわえて、乗客の多くは価格が一定のスペシャルセットを選んだ。それほど高級ではなかったが、セットにはシンプルだからこそのお得感があった。典型的なスペシャルセットは1931年のペンシルヴェニア鉄道に例を見ることができる。価格は1899年の同じ鉄道の食事よりも25セント高いだけだった。たしかに品数は少ないが、30年で25セントしか値段が上がっていないことは注目に値する。

スペシャルディナー　1ドル25セント

注文書に「スペシャルディナー」と書きご希望の品をそれぞれ選んでご記入ください。

❖大麦入り子牛のスープ　野菜入りコンソメ

次のうちの1品

【メイン料理】

❖キングフィッシュのグリル　レモンバター添え
❖オムレツと小エビのクリーム煮
❖ハムのローストとりんごの飴煮
❖ピリ辛ローストビーフのスライスとマスタードソース
❖野菜のうち2品
❖丸パンまたはマフィン
❖紅茶、コーヒー、ココア、またはミルク

黄金の州

カリフォルニア州では、鉄道各社がメニューや旅行ポスターなどの刊行物を用いて、西海岸の見どころと、りんごからオレンジまでのさまざまな特産物を売り込んでいた。ウェスタン・パシフィック鉄道の朝食メニューには、黄金の州カリフォルニアという「1849年のゴールドラッシュから続いているロマンティックな名前は、黄金色のおいしい柑橘系果実——おもにオレンジ、レモン、グレープフルーツ——が豊富にとれる、活気ある現代にもぴったり」だと書いてある。メニューの表紙には、たくさんのオレンジの絵とならんで、オレンジの木を栽培した初期の布教者のひとりであるフランシスコ会の修道士が描かれている。

ぶどうとレーズンもまたカリフォルニア経済にとってだいじな収入源だった。とはいえ、すべての料理にレーズンが入ったメニューを作ったウェスタン・パシフィック鉄道フェザー・リヴァー線の宣伝はいささか気合が入りすぎていたかもしれない。メニューは4月30日のカリフォルニア・レーズン・デーを祝うものだった。日づけがないが、おそらく20世紀初めごろのものだろう。そこには、聖書の時代、イスラエルの民は荒れ地のなかにぶどうを見つけ、自分たちが約束の地に着いたと知ったとある。そしてカリフォルニアを「イスラエルの民が歓喜したぶどうがたわわに実った、ぶどう畑が微笑む現代の約束の地」と呼び、「毎日、毎食」レーズンを食べようという提案で締めくくられている。次のメニューはそのくだものに捧げられている。

❖ぶつ切りサーモン煮、カリフォルニアレーズンバター添え…50セント
❖ハム煮、カリフォルニアレーズンソース…50セント
❖カリフォルニアレーズン入りオムレツ…45セント
❖カリフォルニアレーズンフリッター、サバイヨンソース…25セント
❖カリフォルニアレーズン入りライスカスタードプディング…15セント
❖カリフォルニアレーズンパイ…10セント
❖ナポリ風アイスクリームとカリフォルニアレーズンケーキ…25セント

❖カリフォルニアレーズンパン…10セント
❖カリフォルニアレーズンマフィン…10セント[22]

ウェスタン・パシフィック鉄道のメニューには、地域のもうひとつの主要な作物、レタスのすばらしさをほめちぎっているものもある。メニューによれば、カリフォルニアはレタスの主要産地で、レタスは「太陽と海の恵み」だ。レタスは体によく、食欲をそそるだけでなく、「夕食時にレタスを半玉食べれば、ぐっすり眠れることまちがいなし」だという。メニューの前菜にはすべて、レタスのサラダがついていた。

それまで、レタスといえば傷みやすい野菜で、食べられる地域と季節がかぎられていた。だが、長持ちするレタスが開発されたことで、いろいろな種類が輸送されるようになった。その結果、レタスの生産量は1920〜1930年代に3倍に拡大した。アリゾナ州やカリフォルニア州の農家はレタスを鉄道で全米に届けた。もう季節や地域は関係ない。レタスは1年中食べられるものになった。20世紀特急に見られたようなサラダが、列車、レストラン、家庭に関係なくどこでもメニューに載るようになった。[23]

禁酒法

禁酒法の時代、食堂車のドリンクメニューには「穀物飲料」が目立った。本物のビールを作れなくなったビール会社は、ビールそっくりのニアビールと呼ばれる飲みものの生産に転じた。ビールからアルコール分のほとんどを取りのぞいて、法に適合するようにしたのである。穀物飲料という総称のほか、ニアビールには、グレイノ、バーロ、ブラヴォー、セロ、ゴゾ、ラックス・オー、ムロなどの名がつけられていた。大手ビール会社のアンハイザー・ブッシュは同社のニアビールをベヴォと呼んだ。

1920年代初頭に穀物飲料の生産は年間11億リットルを超えたが、ビール好きの口には合わなかった。料理ライターのウェイヴァリー・ルートはそれを「酒好きに一生ビールなど飲むものかと思わせるために厳格主義者のずる賢い政治家が思いついたかのような、水っぽくて薄くてまずくて、飲む気がうせるような代物」と評した。[24]

メニューにはまた、ヴィシーセレスタン、アポリナリス、シャスタ、ポーランド・スプリング、ホワイトロックなど、いくつものブランド飲料水が載せられていた。水もニアビールも飲まない乗客は、ローガンベリージュースのハイボール（炭酸水割り）、グレープジュースのハイボールほか、レモネード、フルーツジュース、ソフトドリンク各種のなかから選ぶことができた。

現代のレストランでドリンクメニューに下剤や制酸剤が載ることは想像しにくいが、20世紀の

アメリカの乗客が禁酒法でニアビールとソフトドリンクに制限されていたとき、ロンドン・ノースイースタン鉄道などイギリスの鉄道のウェイターは、にこやかにカクテルやクラステッドポートを提供していた。英国立鉄道博物館／科学・社会写真ライブラリー蔵。

初めごろはそれがあたりまえだった。緩下作用のあるプルート水や、胃酸を抑える薬のブロモセルツァーは、1920～1930年代のメニューによく見られた。

食堂車のメニューでもうひとつ風変わりだったのはイースト菌である。かたまりで売られていたのだ。歴史家ハーヴィー・リーヴェンスタインの著書『食卓の革命 *Revolution at the Table*』によれば、1920年代には家庭でパンを焼くことが少なくなって、イースト菌の売り上げが落ちた。そのあおりを受けたフライシュマンズ・イースト社が、イースト菌は健康食品だと主張する突飛な広告を出し始めた。同社は、イーストが「つねにつきまとっているふたつの危険、すなわち体細胞が作られなくなることと、体内の毒を排出できなくなること」からわたしたちを守っていると訴えた。イーストはまた「虫歯を予防し、腸管をきれいにし、『胃下垂』を治す」とも述べた。その結果、アメリカ人はパンやクラッカーにイーストを塗り、水や牛乳やフルーツジュースにイーストを混ぜて飲むようになった。ウォバッシュ鉄道の列車バナー・ブルー・リミテッドには、水やソフトドリンクとならんでイーストがメニューにある。1938年、連邦取引委員会がフライシュマンズ社にそのような主張をやめるよう命じた。おそらく、ほとんどの人は以前のようにパンにはバターを塗るようになっただろう。[25] その後、胃下垂が増えたかどうかはわからない。

食堂車のメニューにはまた、葉巻、紙巻たばこ、チューインガム、アスピリン、トランプもならんでいた。メニューによっては、列車がアイオワ州、ユタ州、ネヴァダ州を通るあいだは、紙巻たばこを購入できない旨が記されていた。

カクテルや赤ワインがなく、ベヴォやグレープジュースハイボールで我慢しなければならないのはたいへんだったろう。1930年のニューヘイヴン鉄道のメニューに書かれたメッセージを見るかぎり、鉄道会社もルールを徹底しにくかったようである。禁酒法時代には同様のメッセージが他社のメニューにも記されていた。

ほかのお客様の前で恥をかかないためにも、乗客のみなさまには禁酒法厳守へのご協力をお願いするとともに、乗車中はアルコール飲料のご利用をお控えくださいますようお願い申し上げます。[26]

ライターのほとんどは禁酒法違反について口を閉ざしていたが、歯に衣着せぬビーブは、クライスラー社の創業者であるウォルター・クライスラーは法を守っていなかったと書いている。ビーブによれば、クライスラーが20世紀特急に乗車したときはいつも、夜になると自分専用の個室に生のグレープフルーツを持ってこさせた。クライスラーは果肉をすくい出した皮にコニャックを注ぎ、火をつけた。それがまさに理想的な寝酒になったらしい[27]。

禁酒法の廃止

1933年に禁酒法が廃止されると、アルコール飲料がメニューに戻ってきた。鉄道会社のなかにはテーマに沿ってバーの車両を作るところもあった。ウェスタン調の内装は特に人気があった。

ユニオン・パシフィック鉄道の新型旅客列車シティ・オヴ・デンヴァーは1936年6月15日にデビューを果たした。デンヴァー・ポスト紙によると、コロラド州デンヴァーのユニオン駅には、ひと目見ようと2万人が訪れたという。列車のバー車両は「フロンティア・シャック」と命名された。同紙はそれを「コロラド州の炭鉱町にあった開拓民の酒場」のレプリカと表現している。[28] バーテンダーはサテンのアームバンドをしており、節目のあるマツ材の壁には指名手配のポスター、リリアン・ラッセルの絵、プロボクサーの写真が貼られていた。

新型旅客列車シティ・オヴ・ロサンゼルスは1937年にデビューした。シカゴとロサンゼルスのあいだを走ったこの列車は、ジョージ・バーンズ、グレイシー・アレン、セシル・B・デミルといった当時のハリウッドの著名人がよく利用した。一等車の乗客向けのクラブラウンジは「リトル・ナゲット」と呼ばれ、ゴールドラッシュ時代のダンスホールサロンのようにデザインされていた。派手なヴィクトリア朝の内装には赤いビロード、レース、石膏に金めっきを施した天使像がふんだんに使われていた。[29]

こうした風変わりなバーで出される飲みものには、マンハッタン、マティーニ、オールドファッションド、ジンフィズ、ベネディクティン・ブランデーなどのカクテルもあった。輸入物のスコッチ、ライ・ウイスキー、バーボン、コニャック、ジン、各種のビールやエールを頼むこともできた。禁酒法時代からのミネラルウォーターやソフトドリンクもいくつかあった。

ウォッカがなかったことが逆に目を引く。現在、アメリカはロシアに次いで、世界で2番目のウォッカ消費国である。けれども、アメリカ人は1960年代ごろまでウォッカをあまり飲んでいなかった。古くからスミノフのウォッカと関わりがあり、ソビエト連邦から亡命したルドルフ・クネットが、禁酒法の廃止直後にアメリカ国内でウォッカの製造と販売を始めた。しかしながら、アメリカ人にとって未知のその酒は「においも味もしないスミノフ・ホワイトウイスキー」として宣伝されるまでほとんど売れなかった。その宣伝文句には、こっそり飲んで職場や家庭に戻っても、呼気からウイスキーやジンのようなそれとわかるにおいがしないことがほのめかされている。とはいえ、冷戦と反連ソ感情に太刀打ちできるほどの力はなく、売り上げは落ち込んだ。[30]

そして、1962年、ジェームズ・ボンドがバーに登場した。『007ドクター・ノオ』で主役を演じたショーン・コネリーが映画の1シーンでスミノフのウォッカを使ったマティーニを注文し、ステアではなくシェイクしてほしいと頼んだとたん、ウォッカの売り上げが飛躍的に伸びた。興味深いことに、イアン・フレミングの著作であるジェームズ・ボンドシリーズの1冊目『カジノ・ロワイヤル』では、ヴェスパーと呼ばれるマティーニがゴードンズのジン、ウォッカ、キナリレで作られている。[31]

しかしながら、『ウオッカの歴史』〔大山晶訳。原書房。2019年〕の著書パトリシア・ハーリヒーによると、アメリカ人はウォッカがどこでも飲めることをリチャード・ニクソンに感謝しなければならないらしい。彼がペプシのコーラとストリチナヤのウォッカとで物々交換の取引を結ばせ

1920年代、鉄道各社は子ども専用メニューを提供し始めた。こちらはセントルイス・サンフランシスコ鉄道のもの。ミズーリ州立大学スペシャルコレクション・アーカイブ蔵。

た結果、ウォッカの売り上げが急上昇したからだ。「ストリ」はやはりのドリンクとなり、1975年にはウォッカがアメリカの主要な酒類になった。[32]

子どもの乗客

世慣れた大人の乗客だけが食堂車の客ではない。1920年までに、多くの鉄道会社は——ホテルやレストランとならんで——子ども用のメニューを設けていた。鉄道会社の目線で見れば、子どもメニューは次世代の顧客を獲得するまたとないチャンスである。今ではあたりまえの子どもメニューは当時は画期的だった。それまで、親は子どもを食堂車へは連れてゆかずに、あらかじめ食べものを用意して持ち込んで

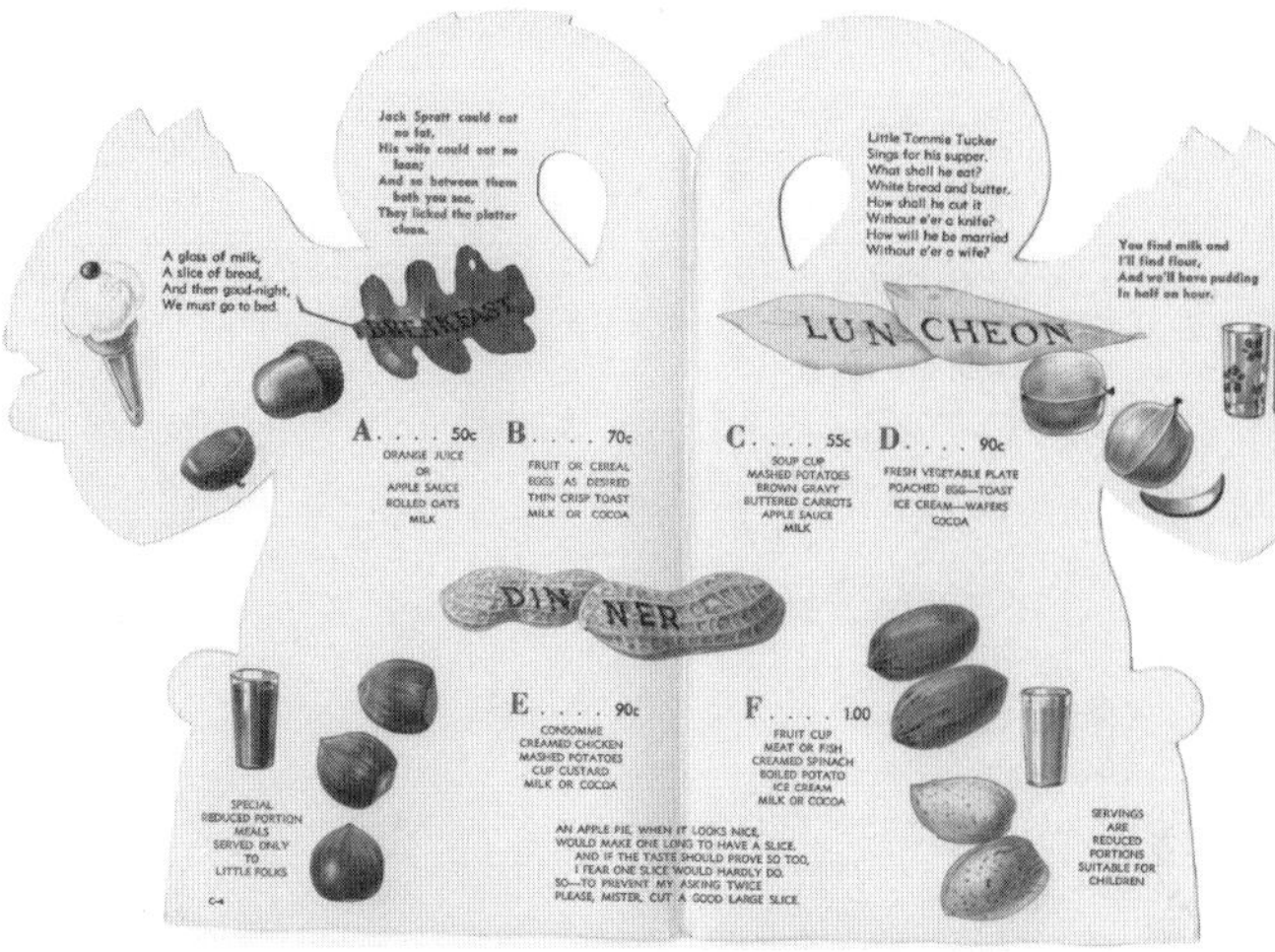

童謡のおかげで子ども用のメニューは読んで楽しめる。
ミズーリ州立大学スペシャルコレクション・アーカイブ蔵。

いた。列車によっては、親の食事の一部を子どもに食べさせることを許可する場合もあった。10歳あるいは12歳に満たない子どもに半額で大人用の食事の半量を提供する列車もあった。

鉄道で子どものスペシャルメニューが大人のものよりも安く設定されたことは、親たちに好意的に受け止められた。分量は子ども向けで、料理は20世紀初頭の栄養理論に合わせて刺激の少ないものになっていた。カナディアン・ナショナル鉄道の子どもメニューには、料理は有名な栄養士とともに検討して決められたもので、10歳までの子どもに適していると書かれている。また「子どもにふさわしいメニューにくわえて、子どもに気に入ってもらえるように青と茶色で印刷された絵と詩が描かれている」[33]

メニューそのものも子ども向けにデザイ

ンされていた。リスやゾウといった動物の形をしたものがあった。マザーグースの童謡、なかでもあぶらがきらいな「ジャック・スプラット」や、夕ご飯をもらうために歌わなければならない「リトル・トミー・タッカー」など、食べものにまつわる詩が書いてあるものもあった。メニューがパズルになっていたり、塗り絵になっていたりもした。また、子どもを楽しませるために、料理の名前が「有蓋車ランチ」や「石炭車スペシャル」になっていたりした。

子どもメニューに学習要素が盛り込まれていることも多かった。1940年代のユニオン・パシフィック鉄道は、固有種であるカイバブリスの絵をメニューに描いて、料理のリストと一緒にそのリスの生態についても説明している。子どもが読む、あるいは親が読み聞かせると、カイバブリスがグランドキャニオンの北端にしかいないリスであることがわかる。デザートのページを見ると、リスの尾が白いのは雪が積もったときに濃い毛の色を隠すためだと理解できる。

一般的なメニューは、野菜スープまたはチキンスープ、ラムチョップのグリル、マッシュポテト、新鮮な野菜、パンとバター、それからアイスクリーム、カップカスタード、くだもの、ジャムなどのデザートから1品だった。価格は55セントでミルクまたはココアも含まれていた。

いつのものかはわからないが、セントルイス・サンフランシスコ鉄道の子どもメニューでは、コンソメ、チキンのクリーム煮、マッシュポテト、カップカスタード、ミルクまたはココアで90セントだった。ほかに、フルーツカップ、肉または魚料理、ほうれん草のクリーム煮、ゆでたじゃがいも、アイスクリーム、ミルクまたはココアが1ドル。また、価格を抑えたものでは、カップスープ、マッシュポテト、肉汁ソース、にんじんのバター炒め、りんごソース、ミルクで45セントだった。シリアル、ジュース、トーストなどの単品料理もあった。

1930年代にはやりのスタイルで旅をした10歳の子どもは、豪華な鉄道が大好きになったことだろう。けれども彼らが20歳になるころまでに、世界は激変していた。1930年代前半に生まれた子どもは、ちょうど成人するころに戦争、食料の配給、そして鉄道よりも自動車や飛行機がもてはやされる世界に直面した。

ソーダ・ファウンテン

禁酒運動と禁酒法はソーダ・ファウンテン事業にとっては恵みとなった。ソーダ・ファウンテンとは、清涼飲料やアイスクリーム、軽食などを売る店である。全米各地でソーダ・ファウンテンが酒場に取って代わり、多くの客がしかたなくビールとカクテルの代わりにソーダとサンデーで耐えた。国民ひとりあたりのアイスクリーム消費量は、1920年の4・7リットルから8・5リットルに急増した。冷凍保存の性能とアイスクリーム製造装置の効率が上がったことで、かつてないほどソーダ・ファウンテンの設置は容易になった。街角のドラッグストアから、百貨店、豪華客船、そして鉄道まで、ソーダ・ファウンテンはいたるところに姿を現した。1926年、ノーザン・パシフィック鉄道は、ソーダ・ファウンテンつきの新型プルマン展望車10台を導入した。ほかの鉄道会社もそれにならった。

サンデーはアメリカ人に大人気のソーダ・ファウンテンメニューで、その作り方、とりわけネーミングについては多大な創造性が発揮されたようである。バチェラーズサンデー（独身男のサンデー）、ボストンクラブサンデー、ザ・デルモニコ、メリー・ウィドウ（有名なオペレッタのタイトル）、ハワイアン・スペシャル、イースターサンデー、コニーアイランド、アヴィエイション・グライド（航空機の滑走）、スローオーバー（掛けるもの）、ニッカーボッカー・グローリー（ニューヨーク市民の栄光）など、さまざまなものがあったが、このかぎりではない。なかでも風変わりだったのがチャプスイサンデーだ。チャプスイソースのレシピにはいろいろなバリエーションがある。このレシピに欠かせない「ライチューの実」（ライチ）をのぞけば、このソースはアメリカの中華料理店によくある八宝菜のような同名の料理とはまったく関係がない。

ドライ・チャプスイサンデー

種なし干しぶどう…２００g
ライチューの実…１００g
ココナッツ…50g
チェリーの砂糖漬け…２００g
パイナップルの砂糖漬け…２００g
ミックスナッツ…２００g

シトロン…50g
デーツ…200g

1. 材料をきざんで混ぜる。
2. サンデーグラスにアイスクリームを入れ、1の混ぜたドライフルーツミックスをふりかけ、シナモンパウダー少々をくわえる。

――アーヴィン・P・フォックス、スパチュラ
――薬剤師のための図説月刊誌、1906年

カリフォルニアの恵み

鉄道各社はしばしば、食堂車の料理の多くに、列車が走る地方の新鮮な食材が使われていると強調していた。なかでもサザン・パシフィック鉄道は、食堂車における「西部の地産地消」をうたっていた。1920年代のサザン・パシフィックの刊行物には、地元で最高品質かつ新鮮なマスクメロン、りんご、ぶどう、オレンジ、レーズンなどを、食堂車で使用していると書いてある。カリフォルニア州サクラメントで育てられていたトマト種は「サクラトマト」として紹介されている。

食堂車メニューの目玉商品には、カリフォルニア完熟オリーブ、カリフォルニアフルーツ、カリフォルニアクリームチーズまであった。レーズンは主要産物のひとつだった。そのよいところをアピールする『カリフォルニアフルーツを食べよう』と題された1904年の小冊子では、レーズンは「自然のままのお菓子」であり、キャンディの代わりに子どもに食べさせるべきだと提案されている。同冊子には、レーズンを用いたクッキー、ケーキ、パン、七面鳥の詰めもの、プディングのレシピが載っている。

次に示す当時のレシピ「レーズン農家のレーズンソース」は伝統的にハムに添えるものだが、チキンや七面鳥にも使える。

レーズン農家のレーズンソース　2カップ分

ブラウンシュガー…1カップ（スプーンなどでぎゅっと押してできるかぎりたくさん詰める）
コーンスターチ…大さじ1½
シナモンパウダー…小さじ¼
クローブパウダー…小さじ¼
からし粉…小さじ¼
塩…小さじ¼

水…1¾カップ
カリフォルニアレーズン…1カップ
酢…大さじ1

1. なべにブラウンシュガー、コーンスターチ、スパイス、からし粉、塩を入れる。
2. かき混ぜながら、水とレーズンをくわえる。
3. 中火にかけ、かき混ぜながら、とろみがついて沸騰するまで煮る。
4. なべを火からおろして酢をくわえる。
5. 温かいうちにハムと一緒に食卓へ。

――カリフォルニアレーズン・マーケティング委員会提供

第6章　ぜいたくと節約の黄金期

長距離鉄道の乗客から見れば、大戦間の時期は黄金期だった。列車はかつてないスピードと快適さで旅人を目的地まで運んでいた。鉄道各社はさまざまな特典を用意して鉄道の旅をより好ましいものにした。イギリスでは、シネマカーでニュース、アニメ、紀行映像が流された。アメリカでは、赤ちゃん連れの母親や年老いた人々の旅を助ける看護師兼スチュワーデスが雇用された。展望車には景色を楽しむための大きなガラス窓が設けられた。食堂車はもちろん、ビュッフェやバーもすばらしかった。サービスも申し分なかった。長距離を移動するうえで鉄道の旅ほど速く、快適な方法はどこにもなかった。

１９２０年代には、アメリカでのべ10億人を超える乗客が列車に乗り、人気が頂点に達した１９２５年には、食堂車だけで1万人が雇用されていた。[1]「狂騒の20年代」、個人の専用車はなおも富裕層のステータスシンボルで、１９２７年には１００台を超える豪華車両が製造された。

当時はすでに自動車が短距離の通勤列車から客を奪っていたにもかかわらず、一部の人は自動車熱は一時的なものだと考えていた。実際、自動車は、豪華なラウンジ、寝台車、食堂車を持つ長距離列車には、ほとんど影響を与えていなかった。常識ある人なら、一等車の客車で格調高い雰囲気と完璧なサービスを楽しむことができるというのに、わざわざあてにならない自動車でヨーロッパやアメリカを横断しようとは思わなかった。

1915年、サンフランシスコ万国博覧会を訪れた人々は、飛行機乗りのアラン・H・ロッキードが勇気ある客を自分の飛行機に乗せるところを見て目を丸くした。たしかにそれは感動的だったが、万博の客はまさか自分が飛行機にのって全米を、ましてや世界をかけめぐることになるとは想像もしなかったにちがいない。1927年にチャールズ・リンドバーグが大西洋を横断したときには、ほとんどだれも――なかでも鉄道会社の経営者らは――彼の飛行が旅の手段を変化させる前兆だと、あるいはまもなく飛行機が列車と対等に渡り合えるようになるのだとは思わなかった。

けれども、たとえ航空路がまだなく、黄金時代が続いていたのだとしても、鉄道には問題があった。1925年、アメリカの鉄道は1日に8万食を提供し、1050万ドルの損失を被っていた。[2] コストは収益の伸びよりも早く上昇した。どうにかしなければならない。鉄道各社は、一等車の評判を落とすことなく損失額を減らそうと、さまざまな方法を試みた。サービスを削るわけにはいかなかった。裕福な乗客は列車にありとあらゆるぜいたくを求め、変化を望まなかった。鉄道会社がカーテンのフリルを取り払っただけで、乗客はそれに気づき、不満を述べた。サザン・パシフィック鉄道が、食堂車に活けてある高額な生花を造花に変えたとたんに、乗客から苦情が出た。[3] 一等車のよい印象と評判を保ちながら、いかにして損失を削減するかは難しい課題だった。

アメリカでは、禁酒法も鉄道の足を引っ張った。酒類の売り上げはつねにレストランの稼ぎ頭で、食堂車も例外ではなかった。禁酒時代より前の食堂車メニューには、ワインやシャンパンなどの長いリストがあった。実際、乗り心地がよいというときの基準が、シャンパンがこぼれるか否かで判断されていたほどである。アルコール抜きの時代、メニューによっては、酒類の埋め合わせとして、甘いものやソフトドリンクの長いリストが載っていることもあった。けれども１９２０年にアルコールという収入源を断たれたことは、レストランやホテル同様、アメリカの鉄道の食事サービスにとっても大きな打撃だった。

そんなおり、大恐慌が襲いかかった。１９３３年までに、アメリカの乗客数は１９２０年の10億人からわずか4億３５００万人に減少した。[4] 豪華な専用車市場は崩壊し、１９３０年には1台しか製造されなかった。[5]

ヨーロッパでは禁酒法に対応する必要はなかったとはいえ、大恐慌は起きた。各地の鉄道会社は損失を乗り切るさまざまな戦略を試みた。ほとんどはうまくいかなかった。１９３０年代、いくつもの会社が車両になんらかの空調設備を導入した。いくつかの会社は列車の高速化で事業を改善しようとした。１９３３年、フリーゲンダー・ハンブルガー（空飛ぶハンブルク人）とそれらしく名づけられたドイツの新型車が、時速１６０キロで走行した。後れをとるまいと、数年後、イギリスの流線型の機関車が、かつては想像すらできなかった時速２０２キロを達成した。

コストを削減するために食堂車を廃止する鉄道もあった。食堂車を残し、むしろ光り輝く新しい食堂車を導入して、客が戻ってくることを期待する鉄道もあった。当時、新しい食堂車の製造

1935年のこの写真の説明には「ダブルベッドルーム2室を分ける仕切りをスライドさせたことで、この一家は部屋着姿で朝食をとることができる」とある。スミソニアン研究所、国立アメリカ歴史博物館アーカイブセンター蔵。

には、平均して5万ドル以上の費用がかかった。そこには陶磁器、銀食器、リネンなどの用具一式の費用は含まれていない。特別な豪華列車ではさらにコストがかさんだ。20世紀特急の新型食堂車は1台が9万2000ドルだった。[6] 修理と維持の費用もばかにならない。一般的な食堂車は18か月ごとに7000ドルもかかる点検修理が必要だった。最大のコストのひとつは食堂車従業員の賃金だったため、鉄道各社はスタッフの数が少ないランチカウンターやビュッフェといった食事の選択肢を増やした。鉄道によっては、男性よりも給料が安くてすむ女性の給仕を採用した。[7] その手法は、白人より低賃金でも働くからと、解放されたばかりの奴隷を雇ったプルマンのものと似ている。

ヨーロッパでは、ワゴン・リがほかのヨーロッパやアメリカの他社の例にならって、二等車を追加した。イギリスでは鉄道に二等車、三等車の運賃が設けられたほか、食堂車サービスを維持しながらコストを抑えるさまざまな方法が試された。当時の鉄道の競争相手は運賃は安いけれども食事サービスのないバスだったため、鉄道会社はレストランカーの品質と便利さを宣伝した。のちに、生まれたばかりの航空機産業が脅威をもたらすとようやく気づいたときにも、鉄道各社は列車の旅の豪華で快適な点をアピールしていた。

手軽な食事

はるか昔の1883年、プルマンは食事のあいだに小腹がすいた乗客が楽しめるようビュッフェを導入した。1887年12月のレイルロード・ガゼット誌は、ニューヨーク・セントラル鉄道の連絡通路つき列車のなかでも、ビュッフェカーには「控えめなバーがあり、同じ車両の医薬品棚には解毒剤も常備されている」と記している。[8]ドリンクについて語るときに医学用語をあてるのは当時ではよくあることだった。指折りのバーテンダーだったジェリー・トーマスは、1862年の著書『ドリンクの作り方 美食家の手引き *How to Mix Drinks, or The Bon-Vivant's Companion*』で、バーの得意客を「患者」と呼んでいる。[9]

1894年、ニューヨーク・タイムズ紙はビュッフェカーについて「料理が単品で出され、人気は上々だ」と報じている。大戦間の時期までに、ビュッフェカーはすでに成功を収めていた。鉄道会社は、食堂車と比べて設備も運営も安上がりなビュッフェカーを好んだ。実際、ほとんどの食堂車と比べると、一般にビュッフェは利益が出ていた。乗客は、格式ばった食堂車の食事より気楽で、安く、すばやく食べられるため、ビュッフェを気に入っていた。

ビュッフェカーはたいていランチや軽食、カキのシチュー、スープ、紅茶、コーヒー、その他の飲みものなどを提供していた。しっかりした食事もできたが、それまでの時代と比べればカジュアルで、値段も抑えられていた。シャンパンはまだメニューにあった。20世紀初頭にボストンとニューヨークのあいだを運行していたニューヘイヴン鉄道のビュッフェカーでは、メドフォード(マサチューセッツ州)のラム酒、「クリュッグ」のシャンパン、ボストンのスクロッド、コトゥイットのカキが出されていた。[10]

スクロッドとは、タラ、ハドック（コダラ）をはじめとする白身魚のフィレを意味するアメリカ北東部のシーフード用語である。その名称にまつわる言い伝えはたくさんある。甲板上の船乗りの獲物を意味するシーマンズ・キャッチ・レシーブド・オン・デックの頭文字を取ったものだとする説があれば、聖なるタラ、セイクリッド・コッドの略称だという説もある。後者では、初期の入植者にとって大切な食料源だったその魚に感謝してマサチューセッツ州会議事堂に飾られている、木彫りの大西洋タラが引き合いに出されている。オックスフォード英語辞典によれば、スクロッドの語源はどうやら「切り身」を意味する中世のオランダ語スクローデにあるようだ。さらに、アメリカの辞書のなかにはスクロッドという動詞を「調理する前に小片に分ける」ことと定義しているものもあるらしい。言葉の由来がなんであれ、スクロッドは当時の鉄道の目玉で、現在でも北東部では人気の魚料理である。

ビュッフェカーにくわえて、経済的な食事の選択肢としてはほかにカフェ、バー、ラウンジ、カフェ・ラウンジ・展望室、コーヒーショップ、ソーダ・ファウンテン、ランチカウンターなどの車両があった。同じ列車に食堂車、カフェ、ランチカウンターの車両がすべて連結されていて、乗客が好みに応じて選べるようになっていることもあった。

イギリスでは１８００年代の終わりごろにはすでにいくつかの鉄道にビュッフェカーが導入されていたが、あまり評判がよくなかったため、ほどなく通常の食堂車に戻された。成功しなかった理由については、労働者階級のパブのように見えたから、あるいは階級に関係なくすべての乗客が入れたからなどと考えられた。労働者階級の人間と一緒にされることを好まない乗客がいた一方で、上流階級と同席するのは威圧されるようでいやだと考える客もいたのだろう。だが、クリス・デ・ウィンター・ヒーブロンは著書『走行中の食事 *Dining at Speed*』で、それに異を唱えている。失敗の理由はおそらく、乗客がテーブルに座ったまま注文して食事をすることに慣れきっていて、自分でカウンターに歩いていって食事を受け取る習慣がなかったことだと彼はいう。しかしながら、1910年にプルマン製のエレガントなビュッフェカーが登場すると、乗客は大喜びでその新しい車両で軽食やジントニックを楽しむようになった。

1930年代にイギリスのビュッフェカーで出されていた典型的なランチメニューは、グレープフルーツ、トマトスープ、子牛肉とハムのパイ、プレスビーフ、牛タン、チキンのガランティーヌ、ローストビーフ、ポテトサラダ、フルーツサラダまたはチーズとビスケット、パンとバター、紅茶またはコーヒーなどから選ぶことができた。トマトスープ以外はすべて冷やして食べるものだったため、事前に調理しておくことができた。冷たい料理はまた燃料費の節約にもなった。イギリスの「クイック・ランチカー」は、カウンター席に座ってグリルやホットプレートで調理されたものを食べるアメリカのランチカウンターにとてもよく似ていた。

ビュッフェカーにくわえて、イギリスの鉄道は時間を決めて特定の食事あるいは軽食を出すことで乗客のニーズに応えるという無駄の少ない方法も考え出した。鉄道会社は早朝の列車ではビジネスマン向けの朝食車両、午後にはアフタヌーンティーの車両を走らせた。ティーの車両では「配膳係のボーイ」が、おしゃれなイギリスのティールームにあるような持ち運びのできる木製のスタンドでサンドイッチやケーキを出していた。鉄道路線によっては、買いもの客向けのランチ専用車、あるいは劇場が閉まるのに合わせて夜食を出す午後11時15分発の列車を売り込んでいたところもある。[11]

イギリスの鉄道はまた、食堂車メニューを切り詰めて節約した。オードブルをやめてスープにした。冷製魚料理1品とロースト1品、もしくは各種冷製肉料理のどちらかを選ぶようにした。デザートはチーズとスイーツの両方ではなく、どちらか一方にした。さらに、鉄道全体でメニューを組み立て、材料を一度に大量に仕入れられるようにした。フランスの鉄道も経費削減のためにビュッフェカーを取り入れ、たためるテーブル席で食事を出した。ドイツの列車は、持ち運び可能なテーブルを乗客の座席に置いて、飲みものと冷たい軽食だけの簡単な食事を提供した。

ぜいたくと節約のパラドックス

鉄道会社はビュッフェ、カフェ、ランチの車両で節約を図ろうとする一方で、新たな豪華車両も導入して高級料理をアピールし続けた。この矛盾については、ヒーブロンが自身の見解を述べている。最新の流線型の車体は「人目を引く。旅客サービスとしてはほんの一部でしかないが、そこには大きな宣伝価値がある――鉄道の旅を華やかに感じさせるのだ[12]」

実際に注目を集めることがよくわかる例は、ボストンとニューヨークのあいだで運行され、全席がゆったり座れるパーラーカーだったニューヘイヴン鉄道のヤンキー・クリッパーに見ること

この1940年ごろの写真にあるように、ラウンジカーではゆったりとくつろぎながら軽い食事をとることができた。スミソニアン研究所、国立アメリカ歴史博物館アーカイブセンター蔵。

ができる。この列車は1929年の株価大暴落の翌年、1930年にデビューした。「列車の貴族」と呼ばれたそれは、最高級の料理とサービスを提供した。給仕長はタキシードに身を包み、ウェイターは白のスーツに蝶ネクタイという装いだった。食事はすべて新鮮な材料で作られ、缶詰は利用していないといわれていた。午後になると、クランペット（イギリス風ホットケーキ）やひとくちサイズのサンドイッチなどを取りそろえた完璧なイギリス風アフタヌーンティーが出された。乗客はパーラーカーでも食堂車でも好きなほうでお茶を楽しむことができた。

食堂車のメニューはめずらしいものではなかったが、あらゆるものがそろっていた。おきまりのカキ、コンソメ、ローストビーフのほか、ボストンのフィッシュチャウダー、貝のフリッター、新鮮ないちごのショートケーキなど地元の人気料理もあった。まさにそれは、当時のニューイングランド都市部のおいしいレストランにあるようなメニューだった。すべてよく知っている食べものだが質が高く、フランス料理ではない。

それからわずか7年後、同鉄道はさらにスリム化した「セルフサービス・グリルカー」を登場させた。これは明らかに経費削減を意図したもので、オーブンはなく、木炭のグリルと保温機が備えられていた。パン、パイ、ケーキは列車の外、サウスボストンにあった同鉄道のドーヴァー・ストリート厨房車であらかじめ作られていた。七面鳥ほか肉類のローストも、車外で調理されたものが列車で提供された。

料理にはニューイングランドのクラムチャウダー、炭火焼きチキンと野菜のつけ合わせ、炭火焼きの魚（種類は不明）、焼いたスモークハムのパイナップル添えがあった。デザートにはインド風プディング・ア・ラ・モード、バニラアイスクリーム、「自家製」アップルパイ。禁酒法時代が終わっていたことから、グリルカーのメニューにはカクテルが目立つ。

グリルカーの当初の計画では、乗客がカウンターへ進み、食べものを注文して、自分の座席までトレイで運んで食べることになっていた。ウェイターもオープンも要らず、料理人も少なくてすむこのスリム化されたサービスは、鉄道にとっては好都合だ。理屈のうえでは、カジュアルさと炭火で焼きたての料理は乗客に気に入ってもらえるはずだった。その読みはおおむね正しかった。

ただし、乗客は給仕がいないという点は気に入らなかった。揺れる列車内でトレイにのせた食べものを運ぶのは難しいと乗客から不満が噴出し、鉄道は結局、給仕を雇わなくてはならなくなった。トレイを持って歩くのが難しかったのはおもに女性の乗客だったといわれている。しかしながら、ニューヘイヴン鉄道は問題を解決するにあたって女性の給仕を採用した。彼女たちは「グリルガールズ」と呼ばれ、今ほど性差別が理解されていない時代だったため、若く、細く、魅力的であることが求められた。スカートスーツ、小さな帽子、歩きやすい靴を身につけたグリルガールズは、グリルカーの広告で大きく宣伝された。[13]

経費を節約しつつ、ぜいたくなサービスを提供するという矛盾は、大戦間の鉄道の典型例だった。

列車の外では

鉄道会社が節約と食料供給の効率化を図るにあたって、もっとも効果のあった方法のひとつは、貯蔵、準備、調理を車外へ移すことだった。食堂車が誕生したばかりのころ、調理場は狭く、メニューは豪勢だった。フランク・レズリーズ・イラストレイテッド新聞を発行していたフランク・レズリーの妻は、1877年に豪華なプルマン車両に乗ったときのことを、ディナーは「デルモニコス風」で、厨房は「使えるスペースをすべて活用して、ほんの少しの薪と木炭でかくもすばらしい料理を作るところが、まるでパリの小さなキュイジーヌ（キッチン）のようだった」と記している。[14]

年月とともに、メニューは短くなり食堂車の厨房は広くなったが、すばらしい料理を作るのは依然としてたいへんだった。鉄道の乗客は日々膨大な量の食べものを消費していた。たいていの場合、ひとつの列車で毎日1トン以上のじゃがいも、数百キログラムの野菜やくだものを使っていた。食堂車のシェフは、途中で材料を切らしてしまっても、不足分の卵やチーズを手に入れるために列車を停めるわけにはいかない。1日300食以上のパンを小さな車内の厨房で焼き上げるのは、たとえ可能だったとしても、現実的ではなかった。そこで、食べものの供給、貯蔵、調理を効率的かつ確実に実行するために、鉄道会社は設備の整った厨房、食肉処理施設、製パン所、クリーニング、倉庫の整った補給基地を沿線の拠点に作った。

1914年、巨大ベイクドポテトで知られるノーザン・パシフィック鉄道は、食べものの貯蔵と調理を担う補給基地をシアトルに作った。建物のてっぺんには、人目を引くように、かの有名なベイクドポテトの長さ12メートルもあるレプリカが飾られた。同社は材料の供給と品質を保つために、乳製品加工所と家禽や豚の農場も所有していた。また、鮮度がわかるように卵や乳製品には日付が記された。これはまだ20世紀の初めで、消費期限や販売有効期限の周知よりずっと前の話である。なるほど、ノーザン・パシフィック鉄道が料理のおいしさで知られていたことにもうなずける。[15]

1922年、サザン・パシフィック鉄道広報誌に「サザン・パシフィックのメニューの裏側」と題された記事が掲載された。そこでは同鉄道が1万7000キロを超える路線でいかに「最高水準の料理とサービスを維持しているか」が乗客向けに説明されている。記事からは、鉄道会社が抱えていた食事サービスの問題と、模索されていた解決策がよくわかる。

明らかに、サザン・パシフィック鉄道は自社の食事サービスに誇りを持っていた。「すべてに最高を」と見出しのつけられた記事では、同鉄道が「最高級オレンジとグレープフルーツはカリフォルニア、アリゲーター・ペア〔アボカド〕はフロリダとカリフォルニア、米はルイジアナ、メロンはカリフォルニアのコーチェラ・ヴァレー（中略）ぶどうとレーズンはカリフォルニアのフレズノ、りんごはオレゴンのフッドリヴァー」から仕入れていると書かれている。また、同社はヴァーモント産メープルシロップを取り寄せている唯一の鉄道で、それは「砂糖を混ぜていない純粋なメープルシロップ」だと誇らしげに述べてもいる。

当時、サザン・パシフィック鉄道は、食堂車92台、カフェカー1台、ランチカー12台で毎日およそ8000食を出していた。食堂車の一般的な厨房は幅約2メートル、奥行き約5メートルの大きさで、コンロ、オーブン、木炭のグリル、氷で冷やす冷蔵庫、流し、調理台が備えつけられていた。サザン・パシフィック鉄道広報誌によれば、路線全体で1日に必要な食材の量はおよそ、牛乳1945リットル、じゃがいも1463キロ、生クリーム651リットル、バター270キロ、卵9636個、牛肉974キロ、コーヒー228キロ、りんご23箱だった。

車両にはまだ冷蔵庫がなかったため、1日に500〜1000キロの氷も必要だった。氷は車両下部に収納されており、列車が停止したときにしか取りにいけなかった。もちろん当時はまだ食器洗い機などなく、皿洗い係は典型的な1日でひとりあたり2万2000個もの食器を洗わなければならなかっただろう。1926年の別の冊子では、サザン・パシフィック鉄道食堂車部門は718万2000食の提供を達成したとあり、それは「イリノイ州の住民全員に十分な量の食事を1回提供するのと同じ」だと述べられている。

鉄道会社ができるかぎりそうした設備と労働を列車から降ろして、補給基地の倉庫や厨房へ移したいと考えるのも無理はない。それは列車の厨房係に対するプレッシャーを和らげるだけでなく、原材料の一括購入を可能にし、資金を節約し、質の統一を促すことにもなる。補給基地の厨房スタッフが準備のほとんどを担えば、車内の料理人は仕上げるだけでよく、楽に毎回同じものを提供できる。ステーキソースの味が毎回変わってしまうことはなくなる。焼きたてアップルパイは車内でスライスして、アイスクリームをのせ、喜ぶ客に出せばよい。乗客から見れば、一度食べておいしかった料理は、次に乗ったときにも絶対に期待を裏切らない。

サザン・パシフィック鉄道は6か所に補給基地を持ち、そこに厨房設備と食品倉庫を置いて、少なくとも途中まで調理していた。同鉄道はハムやベーコンを作る燻製所まで建てた。サザン・パシフィック鉄道広報誌によれば、その補給基地の厨房では、

肉はすべて骨を取りのぞき、脂肪や筋を処理し、カットして、すぐに調理できる状態でシェフに届けられる。スープ用のだしは、1ガロン（3・78リットル）容器で車内に運ばれる。マヨネーズやフレンチドレッシングは、あらかじめ作った状態で1クォート（0・95リットル）瓶で持ち出される。（中略）パイ生地は補給基地で作られ、寝かせた状態で冷たい箱に入れて列車に送られる。プルーンは火を通してから半ガロン（1・9リットル）容器で積み込まれるため、品質は一貫している。発車後の最初の食事で使うパン、ビスケット、パイもまた、補給基地の厨房で焼く。

補給基地の大きな倉庫のおかげで鉄道会社は一度に大量に仕入れができるようになった。補給できる便利な貯蔵施設が沿線にあれば、車内のスペースが空く。ワイングラスからなべかま類や料理人のエプロンにいたるまでの食堂車の備品は、運行前の準備や運行中に割れたり汚れたりした場合に交換できるよう、基地で洗い、磨き上げ、保管した。サザン・パシフィック鉄道では3日間の運行で2000枚を超えるリネンを用意しておかなければならない。ナプキン1000

枚、テーブルクロス220枚、コップ敷き250枚などにくわえて、料理人のエプロンやウェイターの上着もあった。リネン類は次の利用に備えて補給基地のクリーニング室で洗濯され、アイロンをかけられて、保管された。基地によっては、葉巻や紙巻たばこ用の、適切な湿度を保つ専用ケースもあった。

補給基地はまた、担当料理長あるいは給仕長がメニューを考え、食材を注文し、帳簿をつけるための事務所スペースとしても利用された。彼らの仕事は、特定の食堂車で1日のメニューに必要なものをすべてそろえ、列車が到着すると同時に積みこめるようにしておくことだった。彼らはまた、食堂車を担当する人々の仕事を簡素化し、すべてが滞りなく進むよう目を配った。料理人やウェイターの研修も補給基地で行われた。[16]

アメリカでもそれ以外でも、ほとんどの鉄道会社が同じような方法をとるようになっていた。パリでは、巨大な工場が数千ものパン、ケーキや焼き菓子、冷製肉料理を多くのワゴン・リ社の列車に供給していた。食べものはフランス各地から集められ、検査、洗浄、梱包されてターミナル駅に送られた。同鉄道はまた、沿線の停車駅に地方の特産品と焼きたてパン、農作物、牛乳などの食材を貯蔵して、そこで補給できるようにしていた。[17]

見えないサービス

時の流れとともに、ほとんどの鉄道会社が車外での調理の下ごしらえにいちだんと頼るようになり、経費を削減するために缶詰、冷凍、調理済み食品を利用し始めた。1930年、グレート・ノーザン鉄道は補給基地の従業員が携わっている舞台裏の仕事を説明する冊子を出した。「見えないサービス」とうってつけのタイトルがつけられたそれは、見えるか見えないかにかかわらず、鉄道会社がいかに真剣に最高のサービスを提供しようとしているかを示すもので、乗客に配布された。むろん、冊子では「見えないサービス」は顧客志向の前向きな取り組みと表現されている。鉄道会社の経費の節減になる、あるいはスタッフの人数が減って人件費が浮く、あるいはあらかじめ調理された料理を温めるだけなのだから、熟練した料理人を未経験者と入れ替えられるかもしれないなどとは書いていない。サービスは目に見えない。その裏の理屈もまた隠されていた。

ペンシルヴェニア鉄道の1938年のサービスマニュアルでは「目を楽しませ、舌を喜ばせ、空腹を満たす料理」を約束している。マニュアルは水準の高さを強調し、スープとソースはすべて料理人がいちから手作りすると述べている。「いかなる状況においても、一度調理された野菜を別の料理に再利用してはならない」。逆にいえばそれは、残りものの野菜を「おいしいサラダ」に作り変えることもできたということになる。

マニュアルはメニューの表示に正確に合わせるよう逐一指示している。ベイクドビーンズのレシピには「メニューのベイクドビーンズが『手作りスタイル』と書いてある場合は、次のレシピを用いる。『手作りスタイル』と書いてない場合は、缶詰のビーンズを用いる」とある。

ひとり分の分量は多かった。新鮮な魚は生の状態で約450グラムもあった。ただし、例外もある。小エビは約150グラムでホタテは約110グラム、ロブスターは約560グラムだった。ステーキやハンバーグのひとり分は約230グラムだが、豚はたっぷりの約450グラムだった。

サービスと盛りつけの指示もレシピと同じく細部にわたっていた。行き当たりばったりや従業員の自己判断に任せることはいっさいなかった。詳細な指示書きが、ココアやコーヒーのポットの下に敷く皿はどれかを細かく説明し、カナッペはパンとバターの皿にのせて、パセリひと枝とレモン1/8を添えると指図していた。バラの花のようなラディッシュの飾り切り、チェリーをポインセチアの赤い葉に見立てた飾りつけ、カールさせたセロリなど、盛りつけの工夫についても指示があった。

明らかに、同鉄道は品質にこだわっていた。キャビアのカナッペや伝統的なフレンチソースの作り方までマニュアルがあった。それでもやはり、傷みやすく値段の高い生鮮野菜の代わりに、アスパラガス、いんげん、ビーツ、コーン、グリーンピース、トマトなどの缶詰や、アスパラガス、ブロッコリー、ほうれん草、カリフラワーなどの「冷凍野菜」が使われた。紅茶はばらばらの茶葉ではなくティーバッグだった。「自家製」手作りジンジャーブレッドと、クッキーミックスを用いたものの両方のレシピがあった。[18]

同社の節約方法のいくつかは、1900年代初めのルーファス・エスティスのアイデアを思い起こさせる。ペンシルヴェニア鉄道のマニュアルには、残ったパンをトーストして、クラッカー

アッチソン・トピカ・サンタフェ鉄道向けにパンを焼く。1943年。米議会図書館蔵。

の代わりにスープに添えるとある。残ったセロリはだしやスープに使うために捨てずにとっておく。肉は刻んで煮込み料理に使う。そうした手法はみなキッチンでの上手な倹約方法である。

数年後、ユニオン・パシフィック鉄道のマニュアルには、市販されているベティー・クロッカーのケーキミックスを使ったレシピが載っていた。ニューヘイヴン鉄道の有名かつ好評だったウェルシュ・ラビットはビン入りのものが使われた。ボストンの高級食料品店S・S・ピアースのものだったが、それでもビン入りはビン入りだ。[19] 1941年には、ウォバッシュ鉄道が食堂車のメニュー上で「アメリカンレディー」ブランドのコンソメを宣伝し、「高級食料品店には必ずある」と書き添えていた。缶詰食品の使用が受け入れられるにつれて、食堂車のメニューでそれを宣伝することができるようになったのである。そのころまでにはほとんどの鉄道が、経費削減の近道として、また食事のサービスがいつでもどこでも同じになるように、そうした手法をとっていた。経済的だったことはまちがいないが、1930年代末に鉄道会社が用いたいくつかの方法は水準の低下を招いてしまった。

その他の選択肢

1930年代の終わりごろ、鉄道の旅客事業は上向きだったが、食事のサービスはかつてと同じコスト高の問題に直面し続けていた。列車外での準備といった手法にくわえて、一部の鉄道会社はひとり分の分量を少なくした。単品料理は種類を減らして、コースメニューは品数を減らした。使用する皿の枚数を減らすところさえあった。

ノーザン・パシフィック鉄道は、イエローストーン・コメット号の食堂車で、75セントから1ドルまでの5つの短いセットメニューを提供した。75セントメニューのひとつは、冷たいトマトブイヨン、カニまたはチキンのサラダ、ウィーン風丸パンとバター、アイスティーまたはコーヒーだった。1ドルメニューは、レタスまたはトマト、肉または魚料理、ノーザン・パシフィック巨大ベイクドポテト、野菜1品、パイ、プディング、またはアイスクリーム、コーヒー、アイスティー、またはミルクだった。メニューのタイトルがまさに新たな旅立ちを物語っていた。格式張った「ご夕食メニュー」ではなく、カジュアルな「イブニングクラブサービス」になっているのだ。以前と比べればフォーマルではなく、豪華ではないけれどもリラックスできる食事こそが、その時代にふさわしかった。

調理を車外で行うことで、1940年にニューヘイヴン鉄道が導入したような特別なビュッフェサービスも可能になった。増え続ける乗客に対応するために、同鉄道は西行きと東行き両方のマーチャンツ・リミテッド号の食堂車1台をビュッフェカーと入れ替えた。はずされた食堂車はほかの旅客列車で利用された。ビュッフェカーは客車を改造したもので、食堂車スタイルのテーブルと椅子、ビュッフェの長テーブルが備えつけられたが、厨房はなかった。女性給仕長、複数のウェイター、一目でそれとわかる白い装いに長い帽子をかぶったシェフがビュッフェのスタッフだった。ぴかぴかの銅製の卓上なべで「本日のスペシャル」——おそらくラムレッグのグリルとミントソース、あるいはトーストにのせられたニューバーグ風ロブスターだろうか——が温かく保たれていた。そこに種々の野菜から1品とじゃがいも料理をくわえればメニューは完成だ。食事の値段は一般的な食堂車より安く、乗客にとってうれしいことに2杯目は無料だった。ビュッフェカーには厨房がないため、出される食べものは外部、つまり同社のドーヴァー・ストリート厨房車か、もしくは連結されているもう1台の食堂車で作られた。[20]

卓上なべには長い歴史があるが、当時は流行最先端だった。ビュッフェの卓上なべのそばに白いシェフの格好をした人が立っているだけで、乗客はいつもと異なる、おしゃれな雰囲気を味わったにちがいない。ビュッフェは多くの客にすばやく食事を提供することができるうえ、従業員の数が少なくてすむことから、ニューヘイヴン鉄道の経理担当者にとっても割のよい事業に見えたことだろう。

ファミリー向けサービスとピーク時間外の食事サービスもまた、鉄道会社と乗客の双方にとって節約になる経費削減方法のひとつだった。1940年のペンシルヴェニア鉄道のメニューには、早起きもしくは宵っ張りの人向けの特典があった。食堂車の混雑と厨房の忙しさを緩和するために、ラッシュ時間よりも早いあるいは遅い時間帯に食事をとる人には特別な低価格の料理が用意された。朝7時より前に朝食を食べれば、オレンジジュース、ハム入りスクランブルエッグ、トースト、コーヒーがわずか50セントだった。「スペシャルプレート」は、ランチなら午前11時より前か午後2時よりあと、ディナーなら午後5時より前か8時よりあとがその対象だった。ランチもディナーも65セントで、次のようなシンプルなメニューになっていた。

❖魚、肉、または卵料理（オムレツ可）
❖ファミリースタイルの大皿盛り
❖じゃがいもと野菜のつけ合わせ
❖パンとバター
❖デザート
❖コーヒー、紅茶、またはミルク

もうひとつコストを補う方法として効果的だったのは、アメリカンレディーブランドのコンソメのように、食堂車のメニューに広告を掲載することだった。1930年代末から1940年代、鉄道はメニューで、ビール、ケンタッキー・バーボン、ライ・ウイスキー、カナダドライのジンジャーエール、ソーダ水を宣伝していた。21世紀の基準に照らすと、広告のなかには不快なものも、ばかげたものもあった。それでも、広告が願ってもない収入源となったことはまちがいないだろう。

1930年代のバドワイザービールの広告では、フォーマルなウェイターの格好をした黒人男性が、しゃれたカクテルパーティーのような場面でボトル入りのビールを注いでいる。広告の見出しは「いい時代になりましたね」。同時代のパブストブルーリボンビールの広告は、典型的なメイドの格好をした白人女性が、同様のおしゃれなパーティーでビールを出しているもので、見出しは「日曜日の夕食は大成功」。宣伝文句は「きらきらと輝く琥珀と古金色、繊細な泡の冠、うっとりするような美しさ、そしてそれらに期待されるすべてが口のなかへ――パブストブルーリボンビール」

ほかにも、ウォルドーフ・アストリア、ホテル・エディソン、リンカーンホテル、南部のホテルチェーンであるディンクラーホテルズなど、ホテルが宣伝されることもあった。シカゴにあった百貨店のマーシャルフィールドやS&Wカフェテリアも、メニューに広告を掲載していた。

第二次世界大戦

ヨーロッパでは戦争が鉄道を破壊した。1940年にフランスが降伏したとき、ドイツ軍がオリエント急行を含むヨーロッパの鉄道を支配した。そのころまでにはすでに、楽しむための旅はすべてなくなっていた。軍は輸送にくわえて、いくつかの客車を士官の宿舎に利用した。寝台車が売春宿として使われたともいわれている。食堂車は移動しないレストランあるいは部隊の食堂になった。戦時中は何百台もの車両が破壊工作の対象になり、略奪され、打ち壊された。

戦争が終わったときには、機関車から厨房まで、残った車両に大がかりな修繕が必要だった。迷彩色の車両は塗り替えなければならなかった。カーテンや座席などの備品は補充しなければならなかった。食堂車では、食器から調理設備まで、すべてを入れ替える必要があった。ヨーロッパの鉄道網の復活には何年も要することになった。

アメリカでは、状況はまったく異なっていた。鉄道会社を悩ませていた資金の問題がなくなったのだ。戦争によって貨物と旅客の利用が大幅に伸びて、アメリカの鉄道会社に利益をもたらしたのである。軍用列車が利用増加分のほとんどを占めたが、それがすべてではなかった。軍関係者の多くが休暇や召集で普通の客車に乗って移動した。一般市民は戦争に奉仕するために列車の利用を控えるよう求められたが、ガソリンとタイヤが配給制になると、移動が必要な人々は列車に乗った。利用の拡大に対応するため、戦前は乗客の減少で待機状態だった鉄道車両が車庫から引っ張り出されて再び走行するようになった。やがて、政府が新たに1200台の軍用車と400台の軍用厨房車の製造を許可した。[21]

利用の増加にともなって鉄道要員も増やさなければならなくなった。料理人を含む経験豊富な従業員の多くが軍に召集されていた。残された人の労働時間はどんどん長くなった。また、少ない物資で賄わなければならなかった。バター、肉、コーヒーなどの食料品は配給制になり、鉄道の料理人は以前とは異なる材料でより多くの乗客の腹を満たす方法を考え出す必要があった。コーヒーは代用品を混ぜて使用量を減らした。バターの代わりにマーガリンがテーブルに出された。牛肉の代わりに魚や七面鳥が頻繁に食卓に上った。

食事体験を優雅に演出していた小道具のいくつかは使用をやめざるをえなかった。高級アイルランド製リネンが手に入らなくなったため、ぼろぼろになったテーブルクロスやナプキンは一般

Fougasse
"..... and twenty more for dinner just coming in ...."
British Railways have little or no surplus margin of food for unexpected guests. They are rationed just as you are! For the same reason, Refreshment Baskets have had to be abolished.
530.

戦時中そして戦後も、食料の配給制はイギリスの鉄道各社にとって難題だった。英国立鉄道博物館／科学・社会写真ライブラリー蔵。

『イギリス国鉄には不意のお客様のための余分な食料はございません。みなさま方と同じように配給制になっております。同じ理由から、軽食バスケットもやむなく打ち切らせていただきました』

的な木綿のものに置き換えられた。以前はきめ細かく配置されていた食器の代わりに、食事は皿1枚で出され、フォーク、ナイフ、スプーンが1本ずつ渡された。かつて200人の客を運んでいた列車で600人の世話をするとなると、サラダ用の皿、魚料理用のフォーク、デザート用のスプーンなど特化した食器を保管、利用、洗浄することは不可能だった。[22]

いたるところでサービスの水準が犠牲になった。全米で鉄道による軍隊の輸送が始まると、当時もまだ駅レストランのハーヴィー・ハウスを所有し、サンタフェ鉄道の食堂車サービスに従業員を派遣していたフレッド・ハーヴィー社には、大量の仕事が舞い込んできた。戦前は、ジャーナリストのウィリアム・アレン・ホワイトが「料理とその知識を導く道しるべだった」と述べてハーヴィー・ハウスの死亡記事を書いたほど、同社の経営は極度に悪化していた。[23]戦時中に取引が増加すると、会社はにわかに復活した。閉店していたハーヴィー・ハウスが再びオープンされ、新たなウェイトレスが雇われ、退職していた人々が呼び戻された。同社には多くの従業員が必要だった。それもすぐに。そのため、6~9か月は継続して働けなければならない、未婚でなければならないという昔のハーヴィーガールズの条件は取り下げられた。既婚者でも、離婚経験者でも、30歳以上でも、働く気さえあれば雇われた。夏休みの期間には高校生までもが採用された。かつての新人が受けていたような「ハーヴィー式」を学ぶ厳しい研修を行う余裕はなかった。従業員は雇用されるとすぐに職場へ送られ、長時間働いた。

意図されたわけではなかったが、戦時中の大量雇用はよい結果も招いた。ハーヴィーガールズに多様性が生まれたのである。戦争のあいだに、ヒスパニック系の女性はもちろん、ナヴァホ、ホピ、ズニほかの先住民族といった、かつては採用されなかった女性たちがハーヴィー・ハウスで働くようになった。

それぞれの務めを果たす

1943年、ハーヴィー・ハウスと食堂車はひと月に100万食を作って出していた。[24] 食料の配給制、未経験の従業員、そして食事を提供しなければならない軍人の数の多さは、同社にとって大きな試練だった。当然のことながら、食事とサービスの質は下がり、どこでも同じではなくなった。一部のハーヴィー・ハウスと食堂車は以前と変わらず一流だったけれども、それ以外の多くは同じ水準には届かなかった。

問題を認識していた同社は、対応策として全米版の雑誌に一連の広告を載せた。広告では、詳細や姿が描かれることはない、プリングル二等兵という架空の人物に焦点が当てられていた。同社は、軍隊の世話をしているあいだは一般市民にがまんと理解を求めた。乗客の待ち時間が長くなり、食べものの選択肢が少なくなったとしても、それはみな戦争を支えるためである。ある広告では「起こさないでください」の札がかけられ、「シーッ！　プリングル二等兵が寝ています」と書いてある。広告によっては、食料を保存し、国債を買い、文句をいわずに必要な税金を払うよう促すものもあった。[25]

ほかの会社も同じようなキャンペーンを実施した。食堂車のメニュー上で、貯蓄国債を買い、小銭を貯金切手に換えて、戦争を支えようと乗客を促した。鉄道協会が出した広告は、列車を「頼れるベテラン」と呼び、鉄道は「国防の求め」に応じて1日に500万トンの貨物を運んでいると訴えている。メニューをはじめとする印刷物は、軍人が優先されることを客に伝えていた。ニューヨーク・セントラル鉄道の広告は辛抱を求め、鉄道は「1分に1食」つまり「以前より年間300万食も多く」食事を出していると書き添えている。[26]20世紀特急のメニューは新たな現実を乗客にこと細かに説明している。

戦時中の食堂車サービスについて

食事を求める人が増えても（中略）食堂車は増えません。求められる食事の数が増えても（中略）だいじな食料は減っており、それをみなに行き渡らせなくてはなりません。

それが戦時中の食堂車の状況です。

（中略）

そのため、お食事が終わったお客様には、ほかの方がお食事をとれるよう、すみやかなご退出をお願いしております。

（中略）

そのため、平和時のおもてなしは省略させていただきます。（中略）お食事を簡単なものに変えてスピードアップを図り（中略）献立も配給に合わせて立てられます。

（中略）

これより、勝利を手にするまで、できるかぎりのサービスを続けてまいります。今しばらくのあいだ、今日の困難な状況に対するご理解とご協力をお願い申し上げます。

メニューにはまた、休暇中の兵士が自費で乗車している場合には、食事の値段を10パーセント割り引くと書いてある。

食堂車の重圧を一部緩和するために、ニューヘイヴン鉄道はボストンの南駅とニューヨークのグランドセントラル駅で弁当のワゴン販売を始めた。簡単にベニヤ板で作られた車輪つきのその売店は、グリルガールズが担当した。弁当の中身は、チキンサラダ、またはハムとピクルスのサンドイッチ、小さいビン入り牛乳、くだもののひと切れだった。[27]

米国慰問協会は多くの駅に食堂を作り、そこでサンドイッチ、焼きたてのクッキー、ケーキ、コーヒーを兵に配った。兵士らには時間の余裕がなく、多くの駅では、食べものを手に入れるために降りることさえできなかった。いくつもの写真に、兵が列車の窓から身を乗り出して、ボランティアの手からサンドイッチを受け取っているようすが写っている。何千人ものボランティアが戦争に協力しようとそれを手伝った。同協会の推定によれば、600万人を超える兵がそうしたサービスの恩恵を受けたといわれている。[28]

ニューヘイヴン鉄道の依頼を受けたコピーライターのネルソン・メトカルフェは、戦時中のメッセージを作った。彼のキャンペーン「上段4番の青年」はよく知られている。

> 午前3時42分の軍用列車。毛布にくるまった男たちが荒い寝息を立てている。寝台の下段にふたりずつ、上段にはひとりずつ。これは普通の旅ではない。戦争が終わるまでのあいだ、アメリカ国内で最後になるかもしれない旅である。明日は公海上だ。ひとりだけ、まったく眠れない男がいる。（中略）彼は耳を澄まし（中略）暗闇を見つめている。上段4番の青年だ。今夜、いくつものたわいないものごとをこの地に残していく——そして大切なものごとも。ハンバーガーやソーダ（中略）6車線の高速道路をオープンカーで駆け抜ける感覚（中略）シャックス、スポット、あるいはバーナクル・ビルという名前の犬。よく手紙をくれるかわいい女の子（中略）誇りに思うといいながらどこか態度がぎこちなかった白髪混じりの男性（中略）もうじき履くことになる靴下を編んでくれた母親。今夜、彼はそんな人々に思いを馳せる。胸がいっぱいになる。もしかすると目に涙を浮かべているかもしれない。かまわないさ。だれにも見えやしない（中略）あたりは真っ暗だ。数千キロ先のこれから向かう場所に、彼を知る人はいない。けれども世界中が彼を待っている。きてほしいと願っている。そして彼は行くのだ。この上段4番の青年は。疲れはて、血ま

みれになった世界へ、新たな希望と平和と自由をもたらすために。

次に列車に乗るときには、上段4番の青年を思い出してほしい。もし車内で立っていなくてはならなくても、そのおかげで彼は座れるかもしれない。寝台が空いていなければ、そのおかげで彼が眠れるかもしれない。食堂車の座席を待たなくてはならないなら、そのおかげで彼（中略）いや何千人もの彼のような青年が（中略）その先しばらくのあいだ忘れることのできない食事をとれるかもしれない。彼らをもっとも名誉あるゲストとして扱うことが、彼らに感謝を示すために、わたしたちにできる最低限のことである。[29]

だれもが自分の役割を果たしていた。鉄道の職員は特に、食料の配給、通常の乗客への対応、途方もない数の軍隊の食事に対して立派な仕事をした。けれども、彼らの努力が鉄道時代の終焉に加担してしまった可能性は否めない。戦後、軍人民間人を問わず、多くの人々の心には、戦争への協力要請や乗務員たちの献身的な仕事ぶりではなく、鉄道の混雑、せわしないサービス、おいしくなさそうな食事、遅延が残ってしまったからだ。何年も経ってから、ある鉄道会社の幹部は、軍用列車の体験が戦後の鉄道の没落を早めたのだろうと語っている。[30]

卓上なべ料理のレシピ

卓上なべの誕生は何世紀も前にさかのぼる。しかしながら、料理家のファニー・ファーマーが１９０４年の『卓上なべでできる料理 *Chafing Dish Possibilities*』で語っているような、ナポレオン・ボナパルトがそれを使って妻ジョゼフィーヌにオムレツを作ったという話は、さすがに眉唾ものだろう。ファーマーは、卓上なべは男性にとって魅力あるものだと考えていた。いわく「独身男性は、調理用具を使える新しい時代の人間と呼ばれると喜ぶ」。何年かのちのファニー・ファーマーの料理本には「多くの男性がゲストのために卓上なべ料理を作るのを楽しんでいる」とある。また彼女は、メイドがひと晩休みをとったときに家族で使える調理器具だとも述べている。

最近では、その魅力から、卓上なべはもてなしの機会、ビュッフェ、テーブルサイドでの調理によく利用されている。ニューヘイヴン鉄道が１９４０年の食事の選択肢として、ビュッフェのシェフが管理する銅製卓上なべを導入したときは、ニューバーグ風ロブスターが人気料理だった。次のレシピはファニー・ファーマーのものである。

ニューバーグ風ロブスター

900グラムのロブスターから身を取り出し、スライスまたは角切りにする。
バター¼カップを溶かし、ロブスターをくわえて、十分に温まるまで火を通す。
塩小さじ½、カイエンペッパー少々、粗挽きのナツメグ、シェリーワインとブランデー各大さじ1で味を調える。

1分ほど煮てから、脂肪分の少ないクリーム⅓カップと溶いた卵黄2個分をくわえる。ソースにとろみが出るまでかき混ぜる。トーストまたはパイを添える。

――ファニー・ファーマー『卓上なべでできる料理 *Chafing Dish Possibilities*』１９０４年

ウェルシュ・ラビットはうさぎ？

チーズをトーストにのせたシンプルなひと皿として出すのでも、あるいはしゃれた卓上なべの軽い夕ご飯として出すのでも、ウェルシュ・ラビット（rarebit）の当初の綴りは、うさぎと同じラビット（rabbit）だった。ハナー・グラスの１７４７年の著書『簡単料理のテクニック *Art of Cookery Made Plain and Easy*』には、ウェルシュ（ウェールズの）、スコティッシュ（スコットランドの）、イングリッシュ（イングランドの）ラビットのレシピが含まれている。彼女のレシピはただのチーズトーストよりは少し手が込んでいる。イングリッシュ・ラビットではパンを赤ワインに浸すとある。けれども、チーズと合わせるのも、この料理と一緒にいただくのも、一般にはビールのほうが好まれる。19世紀までには、イングリッシュとスコティッシュのラビットは姿を消し、名前もウェルシュ・ラビット（rarebit）になった。もっともオリジナルの綴りを用いている人もいる。

20世紀前半には、缶詰のウェルシュ・ラビットが一般的で、鉄道でも出されていた。1950年代になって、卓上なべの人気が再燃すると、自家製ウェルシュ・ラビットが流行した。このバージョンは、卓上なべを含む銅製品を製造していた、今はない会社の冊子からのものである。卓上なべを持っているならそれで作ってもよいし、普通のなべでもよい。チーズはチェダーに飽きたらグリュイエールも合う。ウスターソース小さじ1杯、あるいはピリッと辛いソースをひと振り、もしくはその両方をくわえる人も多い。

ウェルシュ・ラビット　6人分

バター…大さじ1
刻んだチェダーチーズ…450g
ビールまたはエール…1カップ
パプリカ…小さじ½
からし粉…小さじ½
塩…1つまみ

1. なべにバターを溶かし、チーズをくわえる。
2. チーズが溶けきらないうちに、ゆっくりとビールを混ぜ入れる。

3. 香辛料をくわえる。
4. ほどよく混ざってチーズが溶けるまで、木製スプーンで混ぜ続ける。
5. すぐにバターを塗ったトーストの上にのせる。

――コパークラフト・ギルド社、『お気に入り32種の卓上なべレシピ 32 Favorite Chafing Dish Recipes』刊行年不明

第7章　終わりと始まり

アルフレッド・ヒッチコックの1959年の映画『北北西に進路を取れ』で、ケイリー・グラントとエヴァ・マリー・セイントが20世紀特急に乗って食事をする姿は、背景もさることながら、華やかさと気品の縮図だった。グラントは普通のマティーニよりもインパクトのあるギブソンを注文した。セイントはカワマスがおいしいと勧める。ダイニングテーブルには純白のリネンと陶器がセットされていた。銀製の花瓶には生花が飾ってあった。給仕はもの静かで控えめだった。グラントとセイントが食事よりたがいに関心を抱いていたことはまちがいないが、それでもその場面は、鉄道ダイニングの栄華を描き出している。

けれども、それは最後の輝きであり、もはや幻想といってもよかった。20世紀特急は息も絶え絶えだったのだ。前年、かつて全車両がプルマン製豪華客車だったその列車に安い普通車が連結された。評判はガタ落ちだった。長年にわたって20世紀特急を賛美し続けてきたビーブは、食堂車サービスに「新たな仕組みが持ち込まれたことがなによりも悔やまれる」と嘆いた。彼は不満を述べただけではなかった。ひいきの列車を20世紀特急のライバルだったペンシルヴェニア鉄道のブロードウェイ特急に替えてしまった。

たとえ短命だったとしても、列車と印象的なポスターの両方が洗練されたスマートさの象徴だった。ブリッジマン・アート・ライブラリー蔵。

戦後の時期

戦後、アメリカの鉄道の多くは新型車を製造し、新しい食堂車を導入した。『20世紀特急 *20th Century Limited*』の著者カール・ジマーマンはそれを「注目を集めて客を呼び込もうと果敢に挑んだもののほぼ的外れに終わった、アメリカの鉄道の最後の試み」と呼んでいる。[1]

新型20世紀特急の食堂車は1948年にデビューした。このときもヘンリー・ドレイファスがデザインし、魅惑的な蛍光灯の照明や、車内を広く見せる鏡の壁などが特色だった。座席が斜めに配置され、食事中に反対側のテーブルの客越しではなく、直接景色を眺められるようになっていた。連結部分は自動ドアになって車両の移動が楽になった。厨房にはアイスクリームや冷凍食品を保管できる冷凍庫が備えつけられた。冷蔵庫にはシーフードや乳製品を入れる専用スペースが設けられた。製氷機まで整っていた。

けれども、タイム誌は「新たな希望と大昔からの不信感」と題された1948年の記事で、そうした「道具のすばらしさ」に疑問を呈している。たばこの煙でよどんだ空気から、頻繁な停車、空調の故障まで、鉄道の旅の欠点を数多く取り上げたその記事は、平均的なアメリカ人の考えとほぼ同じ見解にいたっていた。

> 各部屋にラジオがあり、託児所があり、映画室があり、ガラス張りのドーム型の窓を持つ

ラウンジカーがあり、こぎれいな女性がもてなしてくれる。普通の客もそのすばらしい待遇を受けられるのだろうか？　全米を股にかける裕福な得意客だけのものではないのか？　一般の人はなおも食堂車に座るために20分も待たなければならないのだろうか？　列車は相変わらず、ぐらつく路盤の上で傷ついたヘラジカのようによろめいているのだろうか？　もしかすると、乗客が本当に望んでいるのは蛍光灯とクロムの華やかさではなく、質素で旧式でもよいから便利で快適であることなのかもしれない。[2]

いつの時代にも食事サービスで知られていた20世紀特急は、1950年代になっても品質に高い基準を設けていたが、食材はあまり珍しいものではなくなった。1954年の典型的なメニューでは、前菜としてオリーブ、「セロリのファルシ」、バラ型のラディッシュ、スパイシーなメロンの皮などが出されていた。当時はメニューに若干のフランス語をちりばめるのが普通だったが、縦に割ったセロリにクリームチーズなどを詰めた昔ながらの料理を「セロリのファルシ」と呼ぶのは大げさだ。前菜にくわえて、ひと皿目はシュリンプカクテル、カニのビスク、コンソメ、トマトジュースから選ぶことができた。メイン料理は6種類あった。

❖ガスペ産生サーモンのフィレ、ソテー、ムニエル、きゅうり
❖ズッキーニのバター炒め、ベイクドスタッフドポテト（詰めものをしたじゃがいもの

オーブン焼き）

❖ロングアイランド産子鴨のロースト、セロリのドレッシングがけ、ビガラードソース
❖グリーンピースのミント風味、ペルシヤードポテト（じゃがいものパセリとニンニク炒め）

❖子牛のレバーのカナダ産ベーコン敷き、20世紀特急仕立て
❖マッシュルームとフィーヌゼルブソース（ハーブソース）
❖菜園の野菜、リヨン風ハッシュドポテト

❖あばら肉のローストビーフ、グレイヴィ（肉汁ソース）
❖カリフラワーポロネーズ、本日のポテト

❖ラムチョップのグリル、パイナップルグラッセ
❖グリーンピースのミント風味、ベイクドスタッフドポテト

❖厳選サーロインステーキの炭火焼き（ご希望によりマッシュルーム添え）
❖ズッキーニのバター炒め、リヨン風ハッシュドポテト

ビガラードソースは昔から鴨料理に合わせるもので、その起源は18世紀の有名なシェフ、アントナン・カレームである。これはエスパニョール、つまりブラウンソースで、ダイダイの皮と汁で香りづけをする。メニューの価格はサーモンの4ドルから、ステーキの5ドル85セントまで。デザートには、「昔ながらの桃のショートケーキ、ホイップクリーム添え」、ココナッツプディング、冷えたメロン、「ニューヨーク・セントラル鉄道特製アイスクリーム」などのほか、ライ・クリスプまたはクラッカーを添えた各種チーズがあった。[3]

１９５０年代は、「センチュリーガールズ」と呼ばれる女性たちが、名高いクリスチャン・ディオールがデザインしたスカートスーツを着て車内で働いていた。１９５８年、彼女たちの仕事は旅行案内、企業の重役などのための書類のタイピング、哺乳瓶の温めなどだった。その職に就くためには大学などの高等教育を受けていなければならなかった。[4]

鉄道会社が可能なかぎりの努力をしたにもかかわらず、20世紀特急をはじめとする鉄道業界全体は衰退の一途をたどった。１９５８年、「飛ぶのは鳥にまかせて」と題された論説で、名を知られたキリスト教史学者で著作物もある鉄道ファンのヤロスラフ・ペリカンは、20世紀特急を「今となっては惜しまれる、幸せな過去のもの」と表現している。飛ぶのがきらいで飛行機を「飛ぶバス」のようなものと呼んだペリカンは、鉄道会社みずからがサービスの水準を下げてしまったのだと考えていた。この論説がちょうど20世紀特急が普通車を連結した年に書かれたのは偶然ではない。ビーブの言葉を繰り返すかのようにペリカンは記した。「鉄道に再びアメリカ人の想像力をかきたててほしいといくら願っても、もはやそれは不可能のようである。なにより、鉄道にその意欲がない」。できるかぎり移動に列車を利用していたペリカンは「食堂車は今でも目と舌を楽しませてくれる」と書いた。けれども品質の低下にも気づいていた。

車内でどれほどすばらしい食事がとれるかを知らない世代の旅行者が増えている。ニューヨーク・セントラル鉄道のサラダボウル、ウォバッシュ鉄道のパンケーキ、グレート・ノーザン鉄道のベイクドポテト、カナダ太平洋鉄道の白身魚。それらはまさに一流だ。いや、少なくともかつては一流だった。鉄道も結婚生活と同じく、問題が起きたときにまず最初にあおりを受けるのは台所である。[5]

1950年代には、多くの鉄道が食事サービスを大幅に削減、あるいは完全に廃止してしまった。それ以上損失を抱えていけなくなったためだ。食堂車をバーに置き換えた路線もある。メンバーしか入れないクラブあるいはバーの車両は19世紀の終わりごろから運行していたが、1953年、ニューヘイヴン鉄道は一般客向けのバー車両を登場させた。平日、1日の終わりにグランドセントラル駅からニューヨーク州の郊外へ向かう列車では、通勤客が帰宅途中に3〜4杯飲めるとあって、とりわけ大きなヒットになった。車内のバーテンダーは、ひとり分の缶あるいはミニボトルからドリンクを注ぐことで分量を管理していたと『沿岸ルートのダイニング *Dining on the Shore Line Route*』の著者マルク・フラッタシオは述べている。ひとり分サイズの容器はまた、従業員が勝手に飲まないようにするための防止策でもあった。ボストンの通勤客はもっぱらライ・ウイスキーとジンジャーエールのハイボールを飲んだ。ニューヨーク市の通勤客はS・S・ピアースのバーボン、ベルのスコッチ、そしてヒューブラインの既製カクテルを好んだ。[6]

ヒューブライン社は19世紀半ばに、あらかじめ混ぜ合わせてから寝かせたビン入りカクテルを誕生させた。それらは当初「ヨット、キャンプのパーティー、夏のホテル、釣りパーティー、山登り、ビーチ、ピクニックに」最適と宣伝されていた。広告にはまた「にせものにご注意を。通常の販売店、主要な鉄道の食堂車ならびにビュッフェで販売されています」と注意書きがあった。[7]

１９６０年代までには、カクテルの種類が、ウォッカ・マティーニ、スティンガー、ダイキリはもちろん、マンハッタン、ウイスキーサワー、オールドファッションド、サイドカーなどに拡大した。そのころの広告には「主要航空会社ならびに鉄道会社で出される有名なカクテル」と書いてある。[8]

鉄道会社にとっては、ローストビーフと赤ワインよりもピーナッツとカクテルのほうが収益が上がる。実際、ニューヘイヴン鉄道の食事サービス部門は１９６１年に、1ドルあたり4セントの小幅な利益を出した。だが、それでは不十分だった。同じ年、ニューヘイヴン鉄道は二度目の破産に陥った。１９６９年1月1日、同鉄道はのちに経営破綻する運命にあったペン・セントラル鉄道に吸収された。[9]

損失を削減するためのミール・ア・マット自動販売機の試みもまた、望む結果はもたらさなかった。ニューヨーク・セントラル鉄道は１９６３年10月、鳴りもの入りでそれを登場させた。

当時の有名女優ハーマイオニー・ジンゴールドが、どれほど簡単に乗客が自分で「レーダー・オーブン」を使って食事を温められるかを実演してみせた。メニューには「マカロニグラタン」、「ソールズベリーステーキ（合挽きハンバーグ）のグリル」、「ヴァーモント産七面鳥のロースト」ソースつき、さらに「ニューバーグ風ロブスター」まであった。サンドイッチ、ワッフル、クッキーなどの食べものも自動販売機で買えた。鉄道会社は刊行物で、このサービスのスピード、便利さ、低価格を売り込んだ。「電磁波エネルギーを用いるこのオーブンは、食べものにすばやくしっかり火を通します」と、同鉄道の「ヘッドライト」広報誌は指摘している。メイン料理は2分45秒でできあがった。このコンセプト全体が今ひとつだったとしても、価格だけは適正だった。マカロニグラタンはたったの75セント。ニューバーグ風ロブスターはわずか1ドル25セント。ニューヨーク・セントラル鉄道はこのミール・ア・マット自動販売機を「最新エコノミー旅行の花形」と呼んだ。[10]

報道陣の反応は鈍かった。ほとんどの記事は、機械、紙皿、プラスチックのナイフとフォークが、白い上着のウェイター、陶器、銀食器に取って代わろうとしていると、残念そうに述べた。ユーティカ・デイリー・プレス紙の記事には「ニューヨーク・セントラル鉄道、純銀を白銅に置き換える」の見出しがつけられた。そこでは、新型車両が食堂車2台分の従業員から仕事を奪ったと指摘されている。ミール・ア・マットの車両には、販売機に商品を補充して、酒類を出す係がひとりいればこと足りたためだ。[11]

ほとんどの記事は、鉄道会社が食堂車で損を出し続けてきたことに触れていた。ニューヨークのナンデイ・ニューズ紙はニューヨーク・セントラル鉄道の広報担当者の言葉を取り上げて、前年度は食堂車の売り上げ1ドルに対して1ドル28セントの費用がかかったと報じた。しかしながら、同紙は指摘している。「自動ビュッフェもたいした儲けにならなかった。鉄道は1961年に270万ドルだった食堂車の損失額を、昨年、260万ドルにまで削ぎ落としただけだった[12]」

セントピーターズバーグ・タイムズ紙によれば、ほかの鉄道会社もサービスの自動化を試みていた。「アメリカでもっとも成功している鉄道会社のひとつ、サザン・パシフィック鉄道は、昨年、食堂車サービスで265万ドルの損失を出した」とトーマス・ローリンズ記者は書いている。ミール・ア・マットのサービスについて彼は「かつては多額の費用がかかる厨房を料理長、給仕長、給仕でまかなっていた食堂車だったが、今では接客係の従業員がひとりいるだけだ。そして調理するのは客である」と説明している。そしてローリンズは予言した。「鉄道の食堂車はまもなく、節約志向による自動化の犠牲となって、石炭ではなく薪をくべていた真っ黒な機関車と同じ運命をたどるだろう[13]」

自動販売機もバーも窮地に陥った食堂車を救うことはできなかった。なにひとつとして流れを止めることはできなかった。

抗う人々　ビーブとクレッグ

ジマーマンによれば、1946〜1953年のあいだに乗客の鉄道離れは全米で5倍になった。[14] 鉄道のサービス削減と新たに登場した航空機のスピードを考えれば、人々がいちだんと飛行機での移動を選ぶようになっても不思議はなかった。熱心な鉄道ファンまでもがぜいたくな列車の旅を見放したが、ルシアス・ビーブとチャールズ・クレッグは世間の常識に逆らって豪華な個人専用車を追加購入した。そのようなことをする人はもうほんのひと握りしかいなかったが、わずかなあいだとはいえ、彼らは専用車を2台も保有していた。年代を感じさせるようになった1台目の「ゴールドコースト」は、1954年にカリフォルニア州オークランドにある鉄道ならびに機関車保存会の太平洋沿岸支部に寄付することが決まっていた。それでも、同時に2台の専用車を持っていることを誇示したいがために、プルマン製の「ヴァージニアシティ」が手元に届くまで、彼らはそれを手放さなかった。[15]

『メイム叔母さん』などの映画の豪華セットをデザインしたハリウッドのロバート・ハンリーが、37万5000ドルで「ヴァージニアシティ」の改装を手がけた。[16] ビーブはそれをヴェネツィアン・バロック調と呼んでいる。カーテンは金色の絹、暖炉はイタリアの大理石、シャンデリアはイタリアのムラーノガラスで、サウナまであった。1959年に刊行された著書『線路の上の邸宅 *Mansions on Rails*』で、ビーブは機嫌よく、サンフランシスコ・クロニクル紙の有名なコラムニスト、ハーブ・カンが書いた、人と車両についての記事を取り上げている。記事の書き出しはこうだった。「金ぴかの箱部門　同胞の百姓たちよ、金持ちの暮らしを紹介しよう」。「ヴァージニアシティ」はアメリカに残ったただひとつの本物の個人専用車だと記されている。カンはクレッグの言葉を引用しながら、オーナーはそれがオフィスや業務用であるふりなどしていないと説明している。

「純粋に楽しむためだけのものです」とクレッグ氏はいいながら、それを証明するかのようにラウンジのバーでマティーニを作る。それからシェフのウォレスが用意し、ボーイのクラレンスが給仕する（いずれもサザン・パシフィック鉄道から派遣）ランチを食べるために、一緒にダイニングルームへと向かった。ちょっとした昼食である。米の入ったクレオール風魚のスープ、サザンフライドチキン、ハムとビーンズ、温かいコーンブレッド、パンプキンパイ、そして口当たりがドライな上等のボランジェのシャンパン。「ウォレスはいつも軽いランチを用意してくれますが」とビーブ氏はいった。「ディナーまでいらっしゃいませんか？　牛１頭を料理していますよ」

それでも、クレッグとビーブでさえ、豪華な専用車の黄金時代がすでに終わったことは意識していた。ビーブは追悼文を書いている。

こうして、かつて優雅だった鉄道は荒廃し、なかでも華やかだった専用車の時代が終わろうとしている。けれどもひところは、緑と金色に塗装され、栄華をきわめた専用車が、大地を駆け抜け、大富豪を遠く大陸のはてまで運んでいた。それは身分の高い社会階層と、購買と所有という奔放な流儀の比類なき象徴だった。それらは永久にアメリカ人の生き方として人々の心に残ることだろう。[17]

ヨーロッパ

戦後、オリエント急行はサービスを再開したが、復興には時間がかかった。鉄道が蘇ったとき、それは戦前とは異なる姿をしていた。客車は以前ほど豪華ではなく、人員も少なくなった。冷戦時代に東西を分断していた「鉄のカーテン」の影響で路線にも変化があった。ときに寝台車1台だけが普通列車に連結されることもあり、そうなってしまうと頻繁に停車するため、旅がなかなか進まず退屈だった。食堂車はついていないことが多かった。ギリシャのテッサロニキ経由で、再びパリからイスタンブールへの直通列車が走ったのは1952年になってからである。1950年代には、鉄道よりも飛行機の旅のほうが人気があり、しばしば価格も安かった。

イアン・フレミングが1957年に書いた小説『007ロシアから愛をこめて』〔井上一夫訳。東京創元社。2008年〕は、舞台の一部がオリエント急行だった。ロマンあふれるフレミングは、列車は「イスタンブールとパリを結ぶ2000キロ超のきらめく鋼鉄の線路の上を轟音を立てて駆け抜けた」と述べている。そう書くと聞こえがよいが、ジェームズ・ボンドは20世紀初頭のような一等車のみの豪華列車に乗ったのではないと、フレミングもしぶしぶ認めている。列車の半分は「安い車両」が連結され、あまたの停車駅のひとつであるバルカン半島の駅では「包みや編みかごを抱えたおしゃべりな百姓が群れをなして」列車を待っていた。始発駅からしばらくは食堂車がなく、ユーゴスラヴィアで1台連結された。食堂車の朝食メニューは「目玉焼きと硬い黒パン、ほとんどチコリのコーヒー」だった〔チコリはコーヒーの代用品として用いられていた〕。食事の質はイタリアのトリエステにさしかかると改善した。ボンドが美しいタチアナ・ロマノヴァと、キャンティ・ブロリオ（ワイン）を飲みながらタリアテッレ・ヴェルディ（ほうれん草のパスタ）と「美味なエスカロープ」（たたいて薄く伸ばした肉の料理）を楽しみ、ロマノヴァがこんなにおいしいものを食べていたら太ってしまうと心配したのはその辺りである。けれども、フィクションの世界においてさえ、それはもはや歴史に名高い列車の姿ではなかった。[18]

タイム誌が1960年に報じたところによると、オリエント急行はオーストリアのウィーンとルーマニアのブカレストのあいだで一度の運行につき平均1・5人しか乗客を運んでいなかった。結果としてそれが路線の廃止につながった。タイム誌がいうところの「なめらかなスタートを切った」シンプロン・オリエント急行は効率的に客を運び続けていたが、「祖父母の時代のような豪華さはなかった」[19]。2年後、同誌は、豪華列車の旅はなおも存在しているが、もはや西ドイツと日本にしか見られないと述べている。「今日のアメリカの鉄道は人間よりも貨物を運びたがっており、それが見え見えだ」。そして「ミステリー作家に愛された豪華なオリエント急行は合理化されてしまった」。一方で同誌は、空調設備の整った客車、「ラインラントの城を眺められる」ガラス張りの展望車はもちろん「カクテルラウンジとグルメなレストラン」を持つ西ドイツのラインゴルト急行を高く評価している。また「制服を着た女性が食べものと日本酒を積んだカートを押して通路を行ったりきたりする」日本の高速列車についても熱心に語っていた。[20]

多くの鉄道ファンが、オリエント急行の栄光が過去のものになってしまったことを嘆き、それについて書いたが、なかでも人々の心を動かしたのがヨーゼフ・ヴェクスバーグである。作家、音楽家、料理記者、鉄道愛好家の彼は、1950年に、嘆かわしい鉄道の状況についてニューヨーカー誌に寄稿した。彼は洗面所のひびの入った鏡、すきま風が吹き込む窓、水っぽいスープについて語っている。旅の最初の行程には食堂車があり、メニューは「オムレット・ア・ラ・テュルク（トルコ風オムレツ）、エスカロープ・ア・ラ・ミラネーズ（たたいて薄くした肉料理ミラノ風）、ポム・ムースリーヌ（マッシュポテト）、シューフルー・ポロネーズ（ポーランド風カリフラワー）、クレーム・ド・グリュイエール（クリームチーズ）、ポム（りんご）」だった。一緒に乗っていたフランス人がメニューを読んで文句を言った。「なんだこれは。ここは国連がやっている軽食堂か」。メニューには昔のように特産品は含まれていなかったがおいしかったとヴェクスバーグは述べている。

フランス人は食堂車が外される前に降りてしまった。もしそのまま乗っていたなら、さらに不機嫌になっただろう。食べるものがほとんどなかったからだ。食堂車係がヴェクスバーグのためになんとか見つけてきたのは、ガーリックソーセージをはさんだパン2個とウォッカの小ビン1本だった。話をしているうちに食堂車係の娘がアメリカにいるとわかった。けれども給料が安く、チップも少ないため会いにいけない。そこで、いつかニューヨーク州シラキュースに行くことがあるなら娘に会ってみていただけませんかと食堂車係はヴェクスバーグに頼んだ。でも、と彼は続けた。「オリエント急行がこんな風になってしまったことはいわないでください。夢を壊す必要はないでしょう、ムッシュー？　娘にはパパがエレガントなすばらしい列車で大切な仕事をしていると思わせておいてください。真のトラン・ド・ミステール（ミステリー列車）でね[21]」

何年も経ってから、ヴェクスバーグはサタデー・レビュー誌で「オリエント急行最後の男」と題する感動的な記事を書いた。それはこのように始まる。

1961年5月27日、土曜日、午後8時20分。数分後に、かつてロマンス、ミステリー、魅惑、郷愁の列車だったオリエント急行が、パリからブカレストへの最後の旅に出る。（中略）鉄道史の輝かしい時代が幕を下ろそうとしている。

そこでも、ヴェクスバーグは一部区間に食堂車のない、使い古された列車について述べている。それは、普通列車が連結されていたため、そして国境を通るたびに兵士が車両や荷物を検査したために、がたんごとんとゆっくり進んでは頻繁に停車した。ヴェクスバーグによれば、数少ない乗客には、過ぎし日の謎に包まれたスパイやファム・ファタール（運命の女性）はいなかった。むしろ、彼いわく、若い女性は歯磨き粉のモデルのごとく健康そうだった。駅では、ひげが伸びた男やひものついた段ボール箱を抱えた農婦が普通車に乗ろうと待っていた。「これより貧相な連中など想像もできない」とヴェクスバーグは書いている。「エルキュール・ポアロなら不快そうに目をそむけるにちがいない」

途中から食堂車が連結されると、給仕長は列車が落ちぶれたと嘆くヴェクスバーグに同情しながら、1903年6月5日と日付の入ったメニューを見せた。ヴェクスバーグによれば「オリエント急行運行20周年記念だったその日、食堂車では、フォアグラ、ソモン・フュメ(スモークサーモン)、ウ・ア・ラ・ジュレ(卵のゼリー固め)、ソル・メッテルニヒ(カレイのメッテルニヒ風)、プーレ・アン・ココット(チキンキャセロール)、それに続いてデザート、チーズ、コーヒーが出されていた」。彼は給仕長の言葉を引用している。「それが今ではツヴィーベルローストブラーテンですよ。がっかりですよね」

ツヴィーベルローストブラーテンはステーキとフライドオニオンからなるオーストリアの家庭料理である。国民に愛される料理ではあるが、初期のころの高級フランス料理とはかけ離れている。ヴェクスバーグは次のように締めくくった。「オリエント急行は時代や情勢の変化と航空機のスピードに負けた。ラストランのずっと前から、すでに時代遅れだったのだ」。彼の指摘を裏付けするかのように、その雑誌には空の旅のスピードや、ロンドンからローマ、ベイルートからテヘランまで、さまざまな行き先の楽しみ方を宣伝する広告が盛りだくさんだった。[22]

その後数年はほかにもいろいろなワゴン・リの車両が走り続けたが、パリからイスタンブールへの直通列車は1977年5月19日が最後となった。そのときの列車は古びた寝台車1台と普通客車3台だった。食堂車はなかった。乗客は自分で食べものを持ち込んだり、沿線の駅にあるものを買った。列車は5時間遅れてイスタンブールに到着した。

同年、モナコで、サザビーズがワゴン・リの車両を競売にかけた。伝説的なその列車のラストランの話を聞いて悲しいと述べたひとりひとりが、そうなる前にもっと頻繁に列車を利用していたなら、ひょっとするとラストランを迎えることはなかったのかもしれない。名門の長距離列車の旅も航空機には歯が立たなかった。ほとんどの人が、数日かかる鉄道よりも数時間ですむ飛行機を選んだ。くわえて、鉄道サービスの質は戦時中と戦後にひどく悪化し、高級料理とぜいたくな雰囲気があたりまえだった列車の旅の黄金時代を覚えている人はほとんどいなかった。たとえ覚えていたとしても、火曜日にはシカゴ、水曜日にはパリ、木曜日にはローマに行くとなると、鉄道を利用している場合ではなく、また鉄道を利用しようとも思わなかっただろう。

まだもの珍しかったころの空の旅には、19世紀末の列車の旅と同じように刺激と魅力があった。搭乗客はみな着飾っていた。実際、家族で空港へ行って飛行機の離陸を見るだけのために、よそ行きの格好をしていた。スチュワーデスはすばらしく魅力的で、パイロットはヒーローだった。航空各社が高水準のサービスで知られていた当時、ヤロスラフ・ペリカンはそれを賛美する一方で、鉄道は乗客よりも貨物を重要視しており、扱いもそれに準じていると述べている。「鉄の馬は老いぼれてしまった[23]」

アメリカの鉄道会社が衰退し、破産したかあるいはその寸前の状態にあるなかで、旅客列車は絶滅危惧種のように見えた。それでも多くの人がなおも列車に頼っており、なかにはあえて列車に乗ろうとする人もいた。1970年、リチャード・ニクソン大統領は、運行を継続させるためのの鉄道旅客サービス法に署名した。レイルパックスと呼ばれる公的な運営組織が作られ、のちにアムトラック、正式には全米旅客輸送公社と名称が変更された。独立して運営を続ける鉄道会社もあったが、ほとんどはアムトラックの傘下に入った。アムトラックの費用と補助金はいつも政治的な議論の対象になっているが、もちろん最初から、乗客に鉄道の旅の黄金時代のような豪華な食事体験をもたらすことは意図されていない。

同じく、イギリスやヨーロッパの鉄道会社でも、一部が豪華な寝台車や食堂車のサービスを提供し続けているとはいえ、コストの高さからそうしたサービスを廃止あるいは縮小したところが多い。たくさんの人が列車を利用したいとはいうものの、それを楽しむためにかかる実際の高額な費用を払おうとする人はほとんどいないのが実情である。

過去の列車の思い出

19世紀の終わり、鉄道が移動の手段として馬車に取って代わったころ、イギリスとアメリカの一部の人が趣味で馬車に乗り始めた。そうした人々は、ひとりの御者が4頭の馬を操ることから、しばしばフォー・イン・ハンド・クラブと呼ばれる団体を作って、馬車を復活させた。馬車がたんに移動手段だった昔、御者は客を目的地に送り届けて生計を立てる労働者階級の人々だった。馬車がけれども馬車が娯楽になると、御者は労働者ではなくなった。馬、馬車、そしてそれらの維持管理費用を払う余裕のある男性や、ときに女性になった。くわえてそれを楽しむための自由な時間もなくてはならない。ともすれば、そうしたクラブは地方の産業に影響を与えるほど人気があった。人々が立ち寄って自分たちと馬の休憩をとったため、馬車が通る道沿いの宿屋や酒場は利用客が増えることもあった。クラブは、実用的な移動手段を、余裕のある人向けのロマンティックな娯楽スポーツに変えた。[24]

新しいテクノロジーが席巻すると、かえって古いものが重んじられることはよくある。自動車や飛行機といった最新の移動手段が列車の旅に置き換わってから、特に長距離路線で、古きよき鉄道時代を懐かしむ人々が、鉄道の思い出の品を収集したり、移動手段としてではなく楽しむために列車に乗ったりするようになった。

ときに愛情を込めてトレイニアック（トレイン＋マニアック）と呼ばれることもある今日の鉄道愛好家は、どこかへ行くのではなく、列車の体験をただ楽しむために乗車したり車内で食事をとったりする。鉄道が手段ではなく目的になったのだ。鉄道そのものが目的地なのである。保存鉄道あるいは観光列車と呼ばれるそうした列車のほとんどは、鉄道の伝統を保ち続けるために維持されている。その一部は実際、博物館に陳列されていてもおかしくない貴重なものだ。

鉄道博物館

レイルミュージアムズ・ドット・コムのウェブサイトには、カナダのブリティッシュコロンビア州9か所、アメリカのカリフォルニア州24か所、カナダのニューファンドランド3か所を含む、北米の295の鉄道博物館がリストアップされている。それ以外に目を向けると、大陸ヨーロッパとオーストラリアに18か所ずつ、イギリスに20か所の合わせて72の博物館がある。

むろん大規模なものもあるが、多くはボランティアだけで運営されている。展示にくわえて、短い距離を乗車できるところが多い。博物館の所蔵品には、数えきれないほどの機関車にくわえて、食堂車、使用されていた食器、車両の縮尺模型、鉄道会社の制服、ポスター、切符、時刻表、おもちゃの列車、はては王室の専用車まである。また、多くの博物館が列車について学ぶ催しや活動を実施している。

「車輪のついた宮殿」コレクションは、イギリス、ヨークにある世界最大級の国立鉄道博物館の誇りだ。そこにはヴィクトリア女王をはじめとするイギリス王室の専用車が集められている。また、同博物館の所蔵品には、鉄道の歴史を記録した200万枚ほどの写真も含まれている。[25]

サクラメントにあるカリフォルニア州立鉄道博物館の目玉は、全部で20台を超える復元機関車や車両、再現された19世紀末の旅客駅、そして鉄道がアメリカの発展に影響をおよぼしたようすを生き生きと描く数々の展示である。また、サザン・パシフィック鉄道の1920年代の展望ラウンジカー「エルドラド」などの復元車に乗って周遊することもできる。博物館に行けない人、あるいはそれほど頻繁に通えない人のために、同鉄道博物館は、カリフォルニア州立図書館、サクラメント市立公記録・博物館コレクションセンター、サクラメント市立図書館と提携して、19世紀半ばから1920年代の終わりごろまでのサクラメント・ヴァレー地方における農業と交通の歴史を紹介するウェブサイトも運営している。[26]

テーマに合わせた機関車

昔の鉄道で出された一流の食事を参考に、短距離周遊列車の多くが復元食堂車のエレガントな雰囲気のなかで食事やワインを提供している。博物館と提携している周遊列車もあれば、しばしばボランティアの手で自主的に運営されているものもある。周遊旅行は、さまざまな食事のテーマに合わせて組み立てられている。ワインの産地カリフォルニア州のナパ・ヴァレーなら、ワインと食事と鉄道の愛好家は、復元食堂車でナパのぶどう畑の景色を眺めながら、その3つを同時に楽しむことができる。乗車と食事が地元ワイナリーのツアー、殺人事件の謎解きを中心とした企画、秋の紅葉を見るツアーなどと組み合わせられていることも多い。食事については、1952年製のドーム型プルマン車両を含む車両内で、格調高いサービスとともに、当時の料理が過ぎし日のテーブルセッティングで提供される。[27]

アメリカの反対側、ロードアイランド州ニューポートのディナー列車では、眺めのよいナラガンセット湾沿いのルートを走りながら、復元されたプルマン食堂車のなかで食事ができる。同社がいうところの「ロードアイランドで唯一の動くアイスクリームパーラーカー」である特別列車にはソフトクリームサンデーがあり、「キャンディ売りの車掌」がもてなしてくれる。[28]

駅に停車しているストラスバーグ鉄道の食堂車。 ストラスバーグ鉄道蔵。

ペンシルヴェニアのランカスター郡を訪れる人なら、蒸気機関車が引っ張るストラスバーグ鉄道の周遊列車でアーミッシュ〔入植当時の生活様式を維持している宗教集団〕の農地を駆け抜け、一等のパーラーカーで食事をし、ペンシルヴェニア州立鉄道博物館を訪問してから、ユニオン・パシフィック鉄道やリーハイ・ヴァレー鉄道などの車掌車を復元したレッド・カブース・モーテルに宿泊できる。

ストラスバーグ鉄道では45分間の周遊旅行ができる。乗客はそのあいだに、ランカスター郡の伝統料理のディナーや、コスチュームを身につけた従業員が差し出す渡り労働者のリュック弁当などのオプションを選んで食べることができる。子どもたちは児童書の人気シリーズ、機関車トーマスの実物大蒸気機関車に乗って楽しめる。大

ストラスバーグ鉄道のワイン&チーズ列車は相変わらずの人気だ。
ストラスバーグ鉄道蔵。

人向けの企画では、ヴィクトリア時代のディナーを味わったり、苦味があってアルコール度の強いアブサンのカクテルのテイスティングをしたりできる、スチームパンク・フェスティバルもある。[29] スチームパンクとは、現代テクノロジーと産業革命時代の蒸気で動く機械の両方を取り入れた、レトロでありながら未来的でもある混ぜこぜサイエンスフィクションの創作活動だ。蒸気機関車はスチームパンク好きにとってまさに完璧なセッティングだろう。

イギリスには、予想にたがわず、アフタヌーンティー列車がたくさんある。ヨークシャーのブルーベル鉄道には、美しく復元されたプルマン製の「ゴールデンアロー」で楽しむアフタヌーンティーのサービスがある。これはかつてロンドンとパリのあいだを結んでいた豪華な車両だ。現在では、眺めのよいシェフィールド地方を走る短い乗車時間のあいだに、さまざまな紅茶、スコーン、ケーキ、サンドイッチ、タルトがそろったフル・アフタヌーンティーが振る舞われる。復元されたシェフィールド・パーク駅には鉄道博物館がある。ブルーベル鉄道はまた、ディナー列車、殺人ミステリー列車、休暇や特別なお祝いの列車、さらにエレガントなプライベート・ウェディングの朝食列車も走らせている。ディナー列車は午後7時30分発で11時に戻ってくる。「ゴールデンアロー」の一般的なディナーメニューは次のようになっている。

❖パースニップ、りんご、セージのスープ
❖イノシシのテリーヌ、アプリコットとジンジャーのチャツネ添え
❖サーモンとディルのコロッケ、とうがらしのローストとコリアンダー入りサワークリーム
❖サーロインのローストビーフ、赤ワインとタラゴンのグレイヴィ
❖シカ肉とローストした根野菜のシチュー、ハーブ団子入り
❖カレイ（オヒョウ）、ゴマとチャイブの衣つき
❖焼きハラタケ、地元産ゴールデンクロスチーズ（ヤギのナーズ）をかけたラタトゥイユ
❖りんごとブラックベリーのクランブル・タルトレット

❖チョコレート・プロフィトロール（小さいシュークリーム）[30]

ほかにもイギリスの鉄道には、『不思議の国のアリス』に登場するいかれ帽子屋ティー、クリームティー（紅茶とスコーンとクロテッドクリーム）、蒸気機関車ティー、サンタティーなどをテーマにしたティー列車がある。東ランカシャー鉄道は週末に、蒸気機関車が牽引する復元されたプルマン製食堂車で、ぜいたくなランチを楽しむ周遊の旅を提供している。その運行ルートでは、汽車はランカシャー地方の風光明媚な谷や古風な村のあいだを走る。美しく飾りつけられたヴィンテージ車は、木製のパネル、パリッとしたテーブルリネン、高級陶器が自慢だ。次にあげるのは、3品コースのサンデーランチメニューの見本である。それぞれにベジタリアン向けのオプションがある。

❖チキンレバーのパテ　赤オニオンの薬味添え
❖トマトとモッツァレラのサラダ
❖ローストビーフとヨークシャープディング
❖ピーマンのリゾット詰め、トマトソースととろけるチーズがけ

❖バナフィーパイ（バナナとタフィーのパイ）
❖ブロッコリーとカリフラワーのチーズスープ
❖ラムレッグのロースト、ミントソースとグレイヴィがけ
❖ロースト野菜のラザニア
❖レモンメレンゲパイ

同鉄道のレール・エール・トレール列車は、絵に描いたような美しいパブや宿屋へとエール愛好家を運び、伝統的なイギリスの黒ビール、ビター、ラガー、サイダー（りんごの発泡酒）の試飲をさせる。ローテンストールにあるイギリス最古の禁酒バー、ミスター・フィッツパトリックスにも寄って、自家製のサルサパリラ（ルートビアの一種でノンアルコール炭酸飲料）も飲ませてくれる。パブの一部は復元された鉄道駅の構内、あるいはその付近にある。[31]

ルシアス・ビーブならみすぼらしい車掌車を専用車とみなすことなど絶対に許さなかっただろう。車掌車は貨物列車の最後尾に連結されている質素な車両である。線路が分岐する場所でポイントの切り替えなどの仕事をする係が乗っていたほか、乗務員らが寝たり食べたりする場所、あるいは事務室にもなっていた。車掌車のほとんどは、新しいテクノロジーと乗務員削減のあおりで消えていった。けれどもいくつかは生まれ変わって現在も利用されている。

サウスカロライナ大学フットボールチームのファングループは、試合前後に駐車場で仲間とにぎやかに過ごすパーティー用に、製造されてから22年経った車掌車をいくつか、しゃれた専用車に作り変えた。車両は大学のスタジアム近くにある使用されていない線路の上に設置されており、移動はしない。

数年かけて、所有者らは長さ約9メートル、幅約2・7メートルの車体に、ひと昔前の専用車オーナーとまさに同じように、キッチン、浴室、薄型テレビ、エアコン、屋上デッキなど、あらゆる設備を整えた。大学の代表チームがゲームコックスという名で知られていたため、そのコックスと車掌車（カブース）から、サウスカロライナの車掌車全体はコッカブース鉄道と呼ばれている。伝統は1990年に始まった。フットボールのファンだったサウスカロライナの実業家が引退した車掌車を、うわさによれば1万ドルで購入、モダンに改装して、試合前と試合後にパーティーを開いた。ほかの人々もそれに追随した。コッカブースは1台あたり30万ドルほどの値打ちがあるが、手放すオーナーはめったにいない。コッカブースパーティーはサウスカロライナのフットボールにまつわる伝説の一部になっている。[32]

ビーブがほめたたえそうな豪華な個人の専用車も戻ってきた。アメリカの鉄道ファンの一部が古い車両を買い取って改装したのである。ビーブの時代の専用車オーナーと同じように、車両はそれぞれの好みやニーズに合わせて、思い思いのスタイリッシュな寝室、浴室、キッチン、ダイニングに模様替えされた。オーナーの思いつき次第では、改装費用が50万ドルにのぼることもあるといわれている。費用の負担を減らそうと、ときどき貸し出しているオーナーもいる。

個人専用車の場合、旅に出たいと思ったら、アムトラックの列車に連結してもらうことになる。専用車の牽引は1マイル（約1・6キロ）あたり2ドル、夜間の留め置きはひと晩１００ドルである。それ以外に車内で世話をする人の人件費と、車庫から運び出す運搬費がかかる。人件費と臨時の費用にもよるが、ニューヨークからシカゴの旅でオーナーが払う金額はおよそ２０００～３０００ドルにもなる。同じ行程をレイク・ショア・リミテッド号に乗ると、安い普通席なら１００ドル、景色がよく見えるビューライナー・ベッドルームで９５７ドルだ。

連邦法によれば、個人専用車は時速１１０マイル（約１７７キロ）を超えるスピードで走る列車に連結してはいけない。専用車の乗客はむろん、頻繁な停車や連結されている貨物列車の遅延に耐えなければならないが、専用車の旅とはそもそも、好きなときに食べたいものを食べ、駅のアナウンスで起こされることもなく、足を伸ばしてゆったりくつろぐことである。専用車は最後尾に連結され、たいていは大きな窓があるため、道中は地方のすばらしい眺めを楽しむこともできる。[33]

鉄道車両のレンタルを専門にしている組織もある。イギリスに本拠を置くトレイン・チャータリング社は、個人と法人向けに豪華な専用車の旅を手配している。20世紀初頭とその後のアール・デコ時代のものを改装した車両を使って、同社はアメリカやイギリスから、モロッコやスイスまで世界各地で業務を展開している。

その専用車はたいてい定期運行列車に連結され、一般にキッチン、ベッドルーム、ラウンジ、しばしば展望ドームがついている。専用車のレンタルにはシェフと執事のサービス、そして驚くほど豪華な食事がついている。同社はまた、快適かつスタイリッシュに旅をしたい集団向けに、スペインの豪華列車エル・トランスカンタブリコや、南アフリカの有名なブルー・トレインなど、列車全体のチャーターも手配している。[34]

ヴェニス・シンプロン・オリエント急行の復活

古風な豪華列車の愛好家たちは、高級車両とその旅をなんとか維持し続けてきた。さまざまな個人や集団が豪華列車の製造や復元を行ったが、ジェイムズ・シャーウッドほどみごとにそれを成し遂げた人物はほかにいない。1977年、サザビーズが映画の『オリエント急行殺人事件』で使用されたヴェニス・シンプロン・オリエント急行の車両5台を競売にかけた。シーコンテナーズ・グループの社主ジェイムズ・シャーウッドは、掘り出しものはないかとそのオークションに出かけた。

オークションは注目を集めていた。会場は、競りに参加する人や、車両や有名人を見物しにきた人でごった返していた。宣伝写真では、ルネ・ラリックがデザインしたエレガントな食堂車でモナコのグレース公妃がブランチをとっているが、1974年の映画でかくも豪華に見えた客車はすっかりみすぼらしい姿になっており、いちから修復する必要があった。

当時のモロッコの国王が自分の専用列車にくわえるために車両2台を購入した。シャーウッドは寝台車2台を手に入れた。シャーリー・シャーウッドは著書『ヴェニス・シンプロン・オリエント急行　世界でもっとも名高い列車の復活 *Venice Simplon Orient-Express. The Return of the World's Most Celebrated Train*』で、夫が買った車両を見たときの自分の気持ちについて語っている。「窓は割れ、装飾は汚れて、すっかり荒れ果てたプルマン車両を出たり入ったりしながら、夫がそのゴミのなかから救い出せるものがあると感じたことに、内心驚いていた」[35]。その後数年かけて、シャーウッド夫妻はためらうことなく、食堂車を含むほかの客車を探し出して手に入れ、列車全体をそろえた。博物館の展示ではなく、実際に運行して乗客を乗せるためには、時代の安全基準を満たすよう改造しなければならない。ブレーキから電気系統やヒーターまで、すべての車両のシステムが最新式に変えられた。

列車が失ってしまった気品や風格を取り戻すためには、洗面所の床のモザイク、木製パネルに

美しく復元されたヴェニス・シンプロン・オリエント急行の食堂車。
ヴェニス・シンプロン・オリエント急行・トレインズ・クルージーズ蔵。

施された木彫りの装飾、食堂車のひとつを飾るラリック社製のガラスパネルなどの内装を修復あるいは代わりのものに置き換えることのできる職人が必要だった。残念なことに、工程の途中でラリックのパネルが盗まれたために、新しいものに入れ替えなければならなくなった。シャーウッド夫妻はまた、食堂車にあった燃えやすいセルロイドのランプシェードをより安全なプリーツの入ったシルクに替え、家具の張り替えには燃えにくいけれども時代の雰囲気に合う布地を使うなど、細かいところに気を使わなければならなかった。食堂車には古い列車にふさわしい陶磁器、クリスタル、リネンが探し出され、従業員にはきわめて優秀なチームが雇われた。往年の列車と同じように、食堂車では高級料理が出されることになっていた。

新生ヴェニス・シンプロン・オリエント急行は、1982年5月25日に無事運行を開始した。それ以来運行を続け、また拡大して、豪華な旅と一流の食事を提供している。今日《こんにち》のメニューは典型的なフランス料理と現代風創作料理の組み合わせだ。ディナーは季節と目的地によってさまざまに異なる。次にあげるものは乗客に楽しまれている料理の一例である。

ル・ディネ（ディナー）

❖テュルバン・ド・バー・キュイ・オ・フー（ローストしたシーバス）

❖ファルシ・ド・ピニョン・ド・パン・エ・ド・トマト・セシェー（松の実とドライトマトの巻きもの）

❖テュイル・ド・パン・オ・ペスト（ペストパンのレースクッキー）

❖マグレ・ド・カナール・デ・ランデ・ロティ・オ・フェーヴ・ド・カカオ・エピセ（ランデ産鴨胸肉のロースト、スパイシーココアソースがけ）

❖エスカロープ・ド・フォアグラ・フレ・アン・「クランブル」（かりっとした衣つき鴨のフォアグラのフライパン焼き）

❖カロット・フォンダント・キュマン（にんじんのクミン入りバター仕立て）
❖クルスティヤン・ド・ポム・ド・テール（クリスピーポテトパイ）
❖セレクシオン・ド・メートル・フロマジェ（厳選極上チーズ）
❖スフレ・オ・グラン・マルニエ（グラン・マルニエのスフレ）
❖ミニヤディーズ（ひと口スイーツ）
❖カフェ・ド・コロンビー（コロンビアコーヒー）

何年も前にシャーウッドが買い取ったおんぼろの客車は、まさしく、シャーリー・シャーウッドが最初に出会ったゴミのなかから救い出された。ルシアス・ビーブやエルキュール・ポアロはさぞかし喜んだことだろう。列車は今も、たくさんの小説や映画に影響を与えた鉄道の旅の黄金時代と同じくらい豪華でぜいたくである。

たしかに、専用車やヴェニス・シンプロン・オリエント急行のような復元列車での食事や旅行

復元列車の食堂車サービス。
ヴェニス・シンプロン・オリエント急行・トレインズ・クルージーズ蔵。

ヴェニス・シンプロン・オリエント急行の乗客にあいさつをするシェフ。
ヴェニス・シンプロン・オリエント急行・トレインズ・クルージーズ蔵。

は、普通の人間には手が届かない。それをいうなら、いつの時代にもそうだった。

バナフィーパイ

「バナナ」と「タフィー」の語呂合わせであるこのねっとりしたパイは、1972年にハングリー・モンクという名のイギリスのパブでデザートメニューに登場した。それ以来イギリスのメニューで人気の「プディング」（デザートの意）であるこのパイは、東ランカシャー鉄道の週末周遊列車で出されている。

パイの要、加糖練乳から作るキャラメルのような噛みごたえのべとべとしたタフィーは、南米で好まれているドゥルセ・デ・レチェ、すなわちキャラメルソースによく似ている。前日にあらかじめタフィーのフィリングを作ってパイの生地にのせ、ラップをかけて冷蔵庫に入れておくとよい。食べる直前に、生のバナナをスライスしてパイにのせ、ホイップクリームを盛る。パイの土台となるクッキー生地には、全粒粉のダイジェスティブビスケットがベストだが、グラハムクラッカーでもうまくいく。

バナフィーパイ　6〜8人分

フィリング

加糖練乳（400g缶）…2缶
バニラエキス…小さじ1
ダークブラウンシュガー…大さじ4（ぎゅっと押してたくさん詰めて計る）
無塩バター…大さじ4（溶かす）
塩（粗塩は不可）…小さじ¼
熱湯…必要なだけ

クッキー生地

全粒粉のダイジェスティブビスケット
またはグラハムクラッカーを砕いたもの…2カップ
グラニュー糖…大さじ5
無塩バター…½カップ（溶かす）

トッピング

完熟前の黄色いバナナ…3本
生クリーム（乳脂肪分35〜40％くらいのもの）…2カップ
粉砂糖…⅓カップ
インスタントのエスプレッソ…小さじ¼
バニラエキス…小さじ1
（エスプレッソをバニラエキスで溶く）

フィリングを作る。
1．オーブンを200℃に予熱しておく。
2．加糖練乳、バニラ、ブラウンシュガー、溶かしたバター、塩を混ぜる。オーブン用の型（1500ml容器）に入れてアルミホイルでふたをする。

3. 型をひとまわり大きいオーブン皿にのせて、型の高さの半分くらいになるようにオーブン皿に熱湯を注ぐ。
4. 15分ごとにかき混ぜながら1時間半から2時間ほど、かさが減り、とろみがついてキャラメル色になるまでオーブンで焼く。
5. オーブンから出して冷ます。オーブンの温度を180℃に下げる。

フィリングが冷めるのを待っているあいだに、クッキー生地を作る。
6. 小型のボウルに砕いたビスケットまたはグラハムクラッカーを入れて、グラニュー糖と溶かしバターをくわえ、しっとりとするまで混ぜる。
7. 直径21センチ高さ7センチで底がはずれるタイプのケーキ型、または直径21センチのパイ型に敷き詰める。
8. 約5~7分、カリッとするまで焼く。
9. 焼きあがったら網台にのせて冷ます。
10. 5のタフィーのフィリングの粗熱が取れたら、まだ柔らかいうちに、スプーンを使って冷めたクッキー生地の上にのせて平らにならす。
11. フィリングが落ち着くまで冷蔵庫で冷やす。ラップをかけて24時間まで保存できる。

トッピングを作る。
12. バナナの皮をむき、1センチほどの厚さに輪切りにして、タフィーの上にのせる。
13. ボウルに生クリーム、粉砂糖、エスプレッソとバニラを入れて、電動ミキサーを使い、中くらいのスピードでつのが立つまで泡立てる。
14. バナナの上に泡立てた生クリームをのせる。バナナが茶色く変色するのを防ぐため、全部隠れるようにパイ生地の端まで広げる。
15. 食べるまで冷蔵庫で冷やしておく。

——『ベタベタ、ネチャネチャ、ぐちゃぐちゃ、ねばねば、根っからの甘いもの好きのためのデザート Sticky, Chewy, Messy, Gooey : *Desserts for the Serious Sweet Tooth*』ジル・オコナー著、クロニクルブックス、2007年

あとがき　列車に乗ろう

わたしがこの本について話すと、だれもがきまって同じことをいう。「鉄道は好きだよ」。それから、そういえば何年も通勤列車以外は乗っていないな、という。あるいは、ヨーロッパでは乗るけれどアメリカでは乗らないとか、学生時代にユーレイルパスでヨーロッパ中を旅して回ったことを懐かしく思い出すとか。もう自分の子どもが大学に行っているような世代だとたいていそう語る。カリフォルニアのナパでワイン列車に乗った、あるいはアメリカ東部のバークシャー地方で観光列車に乗ったという人もいる。けれども、だれも本当の鉄道の旅はしていない。

もし鉄道で旅をしたことがないのなら、どうしてそれが「好き」だといえるのだろう？　観光列車やディナー列車、博物館の列車に乗るのはけっこうだ。まったくかまわない。それでも、次に旅行にでかけるときは、列車で目的地まで行ってみてはいかがだろう。時間はかかるかもしれないが、鉄道の旅はそれ自体が旅の醍醐味の一部だ。目的に着くまでじっとがまんするだけの移動ではない。子どもがいるなら、彼らは楽しく地理を学び、けっして忘れないだろう。

列車は、たとえ通り抜けるだけでも、その場所の雰囲気を肌で感じさせる。車窓からコネティカット州の沿岸部を見れば、なぜ造船が盛んなのかがわかる。車や飛行機からは、それはわからない。シティ・オヴ・ニューオーリンズと呼ばれる列車に乗って、ルイジアナ州とミシシッピ州の沼地や入り江を通れば、なぜその一帯でハリケーン・カトリーナがあれほど大きな被害をもたらしたのかがはっきりとわかる。どれほど陸地が平坦で、どれほど水位が高いかをその目で見れば、新聞の説明はもとよりテレビの映像とも異なった形で、光景が生々しく迫ってくる。だれでもテキサス州は広いと知っている。それがどれほど広いかは、列車で横切れば一目瞭然だ。何時間走ってもテキサスから出られない。

飛行機よりも列車のほうが、人と出会い、話す機会が多い。鉄道愛好家も多く、さまざまな路線の特徴や沿線の見どころについて教えてくれるだろう。訪れた先で実際に暮らし、働いている人々に出会う機会があるかもしれない。ローマからアドリア海に面したペスカーラまで乗車したイタリア人一家の親戚が、じつは自分の故郷に住んでいるとわかるかもしれない。テキサスの鉄道なら、出会ったテキサス州民が、サンアントニオでいちばんおいしいメキシコ料理店を教えてくれるかもしれない。

列車で旅をすると街の中心部やその近辺に乗り入れるため、その地の人々の鉄道に対する思いが見えてくる。シカゴのユニオン駅は立派だ。それは「ここでは鉄道は重要」だと語っている。テキサス州ヒューストンの駅はさびしい。それは「普通の人は列車に乗らない」と告げている。テキサス州ロングヴューの人々は、ユニオン・パシフィック鉄道から駅を買い取り、復元と拡張のための資金を募っている。それがすべてを物語っている。

ヨーロッパの鉄道のほうがすばらしいと思っているアメリカ人は、イタリアのラヴェンナ駅に降り立ったときに考えを改めるかもしれない。駅から出るためには、重いスーツケースを持って階段を降り、線路の下をくぐって、また階段を上らなければならないからだ。線路の横断は厳しく禁じられている。それでも、魅力的な女性がにっこり笑って困った顔で大きな荷物のほうに目をやれば、ハンサムな警察官がつき添って線路を渡らせてくれるだろう。そうやってその女性は、イタリア式のやり方を学ぶことになる。

鉄道は完璧ではない。どこでもだ。鉄道で旅をすればいつもすばらしい設備があると思ってはいけない。列車によりけりである。清潔で乗り心地がよい列車もあれば、そうではないものもある。どこでも高級料理が食べられると思ってもいけない。食事はたいてい飛行機の機内食やファストフードよりはましだが、すこぶるしゃれた高級列車でないかぎり、特別おいしくはない。高速列車は軽食をのぞけば食事はないことがほとんどだ。早く目的地に着いてしまうため、食事をする時間がないからである。それほど高速ではない列車でも食事の提供はあったりなかったりだろう。

鉄道に完璧は望めない。それは配偶者や子どもたちに完璧を望めないのとまさに同じである。列車には家族のごとく欠点もあれば個性もある。列車で旅をすれば、その欠点にもかかわらず、いや欠点があるからこそ、鉄道が好きになる。列車で旅をしてこそ鉄道が「好き」だといえるのだ。

17 Beebe, *Mansions*, 211-12, 371.
18 Ian Fleming, *From Russia with Love* (New York City: MJF Books, 1993), 200-217.『007: ロシアから愛をこめて』井上一夫訳、東京創元社、2008 年
19 "Europe: Off Goes the Orient Express," *Time*, October 31, 1960, www.time .com (November 13, 2013 参照).
20 "Travel: Luxury Abroad," *Time*, June 29, 1962. www.time.com(November 13, 2013 参照).
21 Joseph Wechsberg, "Take the Orient Express," *New Yorker*, April 22, 1950, 83-94, http://www.josephwechsberg.com/html/wechsberg-new_yorker-articles (November 13, 2013 参照).
22 Joseph Wechsberg, "Last Man on the Orient Express," *Saturday Review*, March 17, 1962, 53-55, http://www.unz.org/Pub/SaturdayRev-1962 (November 13, 2013 参照).
23 Pelikan, "Flying Is for the Birds."
24 Wolfgang Schivelbusch, *The Railway Journey: The Industrialization of Time and Space in the 19th Century* (Berkeley: University of California Press, 1986), 12-14.『鉄道旅行の歴史：19 世紀における空間と時間の工業化』加藤二郎訳、法政大学出版局、2011 年
25 Railroad Museums Worldwide, www.railmuseums.com (November 13, 2013 参照).
26 Sacramento History Online, www.sacramentohistory.org, (November 13, 2013 参照).
27 Napa Valley Wine Train, www.winetrain.com (November 13, 2013 参照).
28 The Ice Cream Train, www.newportdinnertrain.com (November 13, 2013 参照).
29 Railroad Museum of Pennsylvania, www.rrmuseumpa.org (November 13, 2013 参照).
30 Bluebell Railway, www.bluebell-railway.com/golden-arrow (November 13, 2013 参照).
31 The East Lancashire Railway, www.eastlancsrailway.org.uk (November 13, 2013 参照).
32 Wayne Drehs, "All Aboard! Gamecocks Tailgate in Style," www.espn.go.com (November 13, 2013 参照).
33 Katherine Shaver, "Private Rail Car Owners Enjoy Yacht on Tracks," *Washington Post*, September 1, 2011, http://www.washingtonpost.com (November 13, 2013 参照).
34 Train Chartering Rail Charters, Luxury & Private Train Hire, www.train chartering.com (November 13, 2013 参照).
35 Shirley Sherwood, *Venice Simplon Orient-Express: The Return of the World's Most Celebrated Train* (London: Weidenfeld & Nicolson, 1983), 9.

Northern Illinois University Press, 1990), 143 内.
22 James D. Porterfield, *Dining by Rail: The History and Recipes of America's Golden Age of Railroad Cuisine* (New York: St. Martin's Press, 1993), 108-9.
23 Stephen Fried, *Appetite for America: How Visionary Businessman Fred Harvey Built a Railroad Hospitality Empire That Civilized the Wild West* (New York: Bantam Books, 2010), 370-72.
24 Lesley Poling-Kempes, *The Harvey Girls: Women Who Opened the West* (New York: Paragon House, 1989), 192-95.
25 Fried, *Appetite for America*, 377-78.
26 Porterfield, *Dining by Rail*, 109.
27 Frattasio, *Dining on the Shore Line Route*, 36
28 Grant, *Railroads and the American People*, 148.
29 同上, 71-72.
30 Grant, *We Took the Train*, 142.

第7章

1 Karl Zimmerman, *20th Century Limited* (St. Paul, MN: MBI Publishing Company, 2002), 97,
2 "New Hopes & Ancient Rancors," Time, September 27, 1948, www.time.com (November 12, 2013 参照).
3 Zimmerman, *20th Century Limited,* 114-15.
4 同上, 116.
5 Jaroslav Pelikan, "Flying Is for the Birds," *Cresset*, Volume 21, Number 10 (October 1958), 6-9, www.thecresset.org (November 12, 2013 参照).
6 Marc Frattasio, *Dining on the Shore Line Route* (Lynchburg, VA: TLC Publishing, 2003), 50-55.
7 George O. Shields, *Recreation*, Volume 10 (1899).
8 Fernando Lamas Hawks Heublein Cocktails の 1966 年の雑誌広告.
9 New Haven Railroad Historical and Technical Association, www.nhrhta.org (October 17, 2013 参照).
10 "Meal-A-Mat on Central Opens New Era," *Headlight*, Volume 24, Number 2 (October-November 1963), 5, http://www.canadasouthern.com/casomeadlight/images/headlight-1063 (November 12, 2013 参照).
11 Ed Ruffing, "Central Replaces Sterling with Nickel," *Utica Daily Press*, September 21, 1963, 1.
12 "Meal-A-Mat," Editorial, *Nunda News* (Nunda, Livingston County, New York), October 1963.
13 Thomas Rawlins, "Dining Cars: They're Going out of Style," *St. Petersburg Times*, October 27, 1963,
14 Zimmerman, *20th Century Limited*, 114.
15 Lucius Beebe, *Mansions on Rails: The Folklore of the Private Railway Car* (Berkeley, CA: Howell-North, 1959), 25, 361.
16 Virginia City Private Railcar History, http://www.vcrail.com/vchistory_railcars.htm (November 12, 2013 参照).

30 Patricia Herlihy, *Vodka: A Global History* (London: Reaktion Books, 2012), 68-70.『ウオッカの歴史』大山晶訳、原書房、2019年

31 Joseph M. Carlin, *Cocktails: A Global History* (London: Reaktion Books, 2012), 78-79.『カクテルの歴史』甲斐理恵子訳、原書房、2017年

32 Herlihy, *Vodka*, 78-79.『ウオッカの歴史』

33 *Railway Age*, February 16, 1924, 76—77, www.foodtimeline.org/restaurants.html#childmenus (August 15, 2013 参照).

第6章

1 John H. White Jr., *The American Railroad Passenger Car* (Baltimore: Johns Hopkins University Press, 1978), 341.

2 同上, 311-12.

3 H. Roger Grant, *We Took the Train* (DeKalb: Northern Illinois University Press, 1990), xiii.

4 Christian Wolmar, *Blood, Iron, and Gold* (New York: Public Affairs, 2010), 286. 5.

5. White, T*he American Railroad Passenger Car*, 357.『世界鉄道史：血と鉄と金の世界変革』安原和見、須川綾子訳、河出書房新社、2012年

6 Karl Zimmerman, *20th Century Limited* (St. Paul, MN: MBI Publishing Company, 2002), 80.

7 White, *The American Railroad Passenger Car*, 320-38.

8 *Railway Gazette*, December 9, 1887, 796, www.books.google.com (August 12, 2013 参照).

9 Jerry Thomas, *How to Mix Drinks, or The Bon-Vivant's Companion* (New York: Dick & Fitzgerald, 1862), 105.

10 Lucius Morris Beebe, *Mr. Pullman's Elegant Palace Car* (New York: Doubleday, 1961), 269.

11 Chris de Winter Hebron, *Dining at Speed: A Celebration of 125 Years of Railway Catering* (Kettering: Silver Link, 2004), 51-75.

12 同上, 76.

13 Marc Frattasio, *Dining on the Shore Line Route* (Lynchburg, VA: TLC Publishing, 2003), 17-21.

14 H. Roger Grant, *Railroads and the American People* (Bloomington: Indiana University Press, 2012), 24.

15 William A. McKenzie, *Dining Car Line to the Pacific* (St. Paul: Minnesota Historical Society Press, 1990), 71-72.

16 Sacramento History Online, *Southern Pacific Bulletin*, www.sacramentohistory. org (September 17, 2013 参照).

17 E.H. Cookridge, *Orient Express: The Life and Times of the World's Most Famous Train* (New York: Random House, 1978), 102.

18 Pennsylvania Railroad, *The Pennsylvania Railroad Dining Car Department, Instructions, 1938.*

19 Frattasio, *Dining on the Shore Line Route*, 67.

20 同上, 32.

21 David P. Morgan, "Troop Train," *We Took the Train*, ed. H. Roger Grant (DeKalb:

Times, March 4, 1990, http://www.nytimes.com/1990/03/04/arts (August 9, 2013 参照). 7.
7 同上
8 "Foreign News: Orient Express," *Time*, April 29, 1935. www.time.com (September 10, 2013 参照).
9 W.M. Acworth, *The Railways of England* (London: John Murray, 1889), 231-32.
10 Shirley Sherwood, *Venice Simplon Orient-Express: The Return of the World's Most Celebrated Train* (London: Weidenfeld & Nicolson, 1983), 48-49.
11 Beverley Nichols, *No Place Like Home* (London: Jonathan Cape, 1936), 47.
12 同上, 55-56.
13 Malcolm W. Browne, "The 20th Century Makes Final Run," *The New York Times*, December 3, 1967. www.nytimes.com/archives (September 19, 2013 参照).
14 Karl Zimmerman, *20th Century Limited* (St. Paul, MN: MBI Publishing Company, 2002), 32.
15 同上, 54-56.
16 Lucius Beebe, *20th Century: The Greatest Train in the World* (Berkeley, CA: Howell-North, 1962), 82.
17 Michael L. Grace, "The Twentieth Century Limited," http:www.newyorksocialdiary.com (September 10, 2013 参照).
18 H. Roger Grant, *We Took the Train* (DeKalb: Northern Illinois University Press, 1990), xviii.
19 Chris de Winter Hebron, *Dining at Speed: A Celebration of 125 Years of Railway Catering* (Kettering: Silver Link, 2004), 79.
20 同上, 80
21 Jenifer Harvey Lang, ed., *Larousse Gastronomique* (New York: Crown, 1990), 393.『ラルース料理百科事典』
22 Western Pacific Railroad Dining Car Menu [19--], California State Railroad Museum Library. www.sacramentohistory.org (September 26, 2013 参照).
23 Andrew Smith, ed., *The Oxford Encyclopedia of Food and Drink in America* (New York: Oxford University Press, 2004), Volume 2, 32.
24 "3.2% Beer," National Institute on Alcohol Abuse and Alcoholism, http://alcoholpolicy.niaaa.nih.gov/3_2_beer_2.html (September 25, 2013 参照).
25 Levenstein, *Revolution at the Table*, 153, 197-98.
26 Marc Frattasio, *Dining on the Shore Line Route : The History and Recipes of the New Haven Railroad Dining Car Department* (Lynchburg, VA: TLC Publishing, 2003), 17.
27 Beebe, *20th Century*, 89.
28 "Streamliner Train: City of Denver," *Denver Post*, http://blogs.denverpost.com/library/2013/06/12/union-pacifics-city-of-denver-streamliner-train/8643/ (September 26, 2013 参照).
29 "Little Nugget," American Southwestern Railway Association, Inc., http:// www.mcscom.com/asra/nugget.htm (September 26, 2013 参照).

December 1900), 520-21.

4 Roger H. Grant, *We Took the Train* (DeKalb: Northern Illinois University Press, 1990), xxiv.

5 Stephen Fried, *Appetite for America: How Visionary Businessman Fred Harvey Built a Railroad Hospitality Empire That Civilized the Wild West* (New York: Bantam Books, 2010), 392.

6 Lucius Morris Beebe, *Mr. Pullman's Elegant Palace Car* (New York: Doubleday, 1961), 13.

7 http://www.gngoat.org/17th_page.htm (August 9, 2013 参照).

8 Whithey, *Grand Tours and Cook's Tours*, 190.

9 George Moerlein, *A Trip Around the World* (Cincinnati: M&R Burgheim, 1886), 24-25.

10 New York Public Library Menu Collection, http://menus.nypl.org/menu_pages/10262 (August 10, 2013 参照).

11 Andrew Smith, *American Tuna: The Rise and Fall of an Improbable Food* (Berkeley: University of California Press, 2012), 21-35.

12 Lowell Edmunds, *Martini, Straight Up: The Classic American Cocktail* (Baltimore: Johns Hopkins University Press, 1998), xix.

13 Lucius Beebe, *Mansions on Rails: The Folklore of the Private Railway Car* (Berkeley, CA: Howell-North, 1959), 20-21.

14 Beebe, Mansions, 17.

15 同上 , 205-6.

16 同上 , 20.

17 Beebe, *Mr. Pullman*, 352.

18 Rufus Estes, *Good Things to Eat, As Suggested by Rufus* (Chicago: The Author, ca. 1911 Feeding America, http://digital.lib.mus.edu, 5-7.

19 同上 , 68.

20 同上 , 49-50.

21 同上 , 8.

22 同上 , 49-50.

23 同上 , 21

24 同上 , 92

25 同上 , 40

26 同上 , 31-33.

27 同上 , 38

28 同上 , 103-30.

第5章

1 Harvey Levenstein, *Revolution at the Table: The Transformation of the American Diet* (New York: Oxford University Press, 1988), 141.

2 Christian Wolmar, *Blood, Iron and Gold* (New York: Public Affairs, 2010), 284.『世界鉄道史：血と鉄と金の世界変革』安原和見、須川綾子訳、河出書房新社、2012 年

3 Peter M. Kalla-Bishop and John W. Wood, *The Golden Years of Trains: 1830- 1920* (New York: Crescent Books, in association with Phoebus, 1977), 98.

4 Wolmar, *Blood, Iron and Gold*, 284.『世界鉄道史：血と鉄と金の世界変革』

5 Kalla-Bishop and Wood, *The Golden Years of Trains*, 102.

6 Gay Morris, "Dance: 'Le Train Bleu' Makes a Brief Stopover," *The New York*

科事典』
2 E.H. Cookridge, *Orient Express: The Life and Times of the World's Most Famous Train* (New York: Random House, 1978), 34-38.
3 Lynne Withey, *Grand Tours and Cook's Tours: A History of Leisure Travel, 1750-1915* (New York: William Morrow and Company, 1997), 181.
4 Anthony Burton, *The Orient Express: The History of the Orient Express Service from 1883 to 1950* (Edison, NJ: Chartwell Books, 2001), 18-19.
5 "To Sunny Italy by the Rome Express: An Account of the First Journey by a Passenger," *Railway Magazine*, December 1897.
6 Burton, *The Orient Express*, 45-49.
7 "To Sunny Italy by the Rome Express."
8 Cookridge, *Orient Express*, 103.
9 George Behrend, *Luxury Trains from the Orient Express to the TGV* (New York: Vendome Press, 1982), 28.
10 *Dictionary of Victorian London, www.victorianlondon.org* (May 21, 2013 参照).
11 "Europe: Off Goes the Orient Express," Time Magazine, October 31, 1960, www.time.com (May 21, 2013 参照).
12 T.F.R. "The Pleasures of the Dining-Car," *Railway Magazine*, Volume 7 (July-December 1900), 520-21.
13 "To Sunny Italy by the Rome Express."
14 Philip Unwin, *Travelling by Train in the Edwardian Age* (London: George Allen & Unwin, 1979), 90.
15 Chris de Winter Hebron, *Dining at Speed: A Celebration of 125 Years of Railway Catering* (Kettering: Silver Link, 2004), 38-39.
16 Unwin, *Travelling by Train in the Edwardian Age*, 90.
17 同上, 51.
18 Joseph Husband, *The Story of the Pullman Car* (Chicago: A.C. McClurg & Co., 1917), 67.
19 "Pullman Dining Cars: A Trial Trip on the English Midland Railway," *The New York Times*, July 19, 1882, www.nytimes.com (May 21, 2013 参照).
20 Christian Wolmar, *Blood, Iron, and Gold* (New York: Public Affairs, 2010), 260-61.『世界鉄道史：血と鉄と金の世界変革』安原和見、須川綾子訳、河出書房新社、2012年
21 Francis E. Clark, *The Great Siberian Railway: What I Saw on My Journey* (London: S.W. Partridge and Co., 1904), http://www.archive.org/stream/greatsiberianrai00clariala/greatsiberianrai00clariala_djvu.txt (March 12, 2013 参照).

第4章

1 Chris de Winter Hebron, *Dining at Speed: A Celebration of 125 Years of Railway Catering* (Kettering: Silver Link, 2004), 12.
2 Lynne Withey, *Grand Tours and Cook's Tours: A History of Leisure Travel 1750-1915* (New York: William Morrow, 1997), 314-15.
3 *Railway Magazine*, Volume 7 (July-

Money in Its Place (New York: Penguin Group, 2012), 118.

15 "Paderewski Chef Quits Pullman Job," *The New York Times*, January 3, 1928, www.nytimes.com (April 10, 2013 参照).

16 鉄道の食器類は収集品として人気があり、愛好家は特別なものを高く買う。デザインが年代とともに変化するため、収集家は時代ごと、あるいは鉄道会社ごとに集めることが多い。

17 "Across the Continent: From the Missouri to the Pacific Ocean by Rail," *The New York Times*, June 28, 1869; Central Pacific Railroad Photographic History Museum, www.cprr.org (April 10, 2013 参照).

18 Husband, *The Story of the Pullman Car*, 80.

19 T.S. Hudson, *A Scamper Through America or, Fifteen Thousand Miles of Ocean and Continent in Sixty Days* (London: Griffith & Farran, 1882), 83-84.

20 William A. McKenzie, *Dining Car Line to the Pacific* (St. Paul: Minnesota Historical Society Press, 1990), 68-74.

21 University of Nevada, Las Vegas, http://digital.library.univ.edu/objects/menus (January 29, 2013 参照).

22 ボストンのユニオン・オイスター・ハウスは 2003 年に国定歴史建造物に指定された。営業を続けているレストランならびにオイスターバーとしてアメリカ最古のその店は 1716 ～ 1717 年に建造されたものである。政治家のダニエル・ウェブスターやジョン・F・ケネディ大統領などの著名な人々もひいきにしていた。

23 www.pullman-museum.org (March 26, 2013 参照).

24 Timothy Shaw, *The World of Escoffier* (New York: Vendome Press, 1995), 89.

25 Lucius Morris Beebe, *Mr. Pullman's Elegant Palace Car* (New York: Doubleday, 1961), 347.

26 同上, 123-24.

27 James D. Porterfield, *Dining by Rail: The History and the Recipes of America's Golden Age of Railroad Cuisine* (New York: St. Martin's Press, 1993), 55-60.

28 White, *The American Railroad Passenger Car*, 319.

29 同上, 311-20.

30 http://menus.nypl.org/menu (April 24, 2013 参照).

31 White, *The American Railroad Passenger Car*, 320.

32 *American Magazine*, Volume 85 (1918), 144. www.babel.hathatrust.org (April 14, 2013 参照).

33 Moses King, King's *Handbook of New York City: An Outline History and Description of the American Metropolis* (Boston: Moses King, 1892), 109.

34 http://menus.nypl.org/menu (April 24, 2013 参照).

第3章

1 Jenifer Harvey Lang, ed., *Larousse Gastronomique* (New York: Crown Publishers, 1990), 1110.『ラルース料理百

118-19.
21 Noel Coward, *Quadrille: A Romantic Comedy in Three Acts* (New York: Doubleday & Company, 1955), 136.
22 Robert Louis Stevenson, *The Amateur Emigrant* (Chicago: Stone & Kimball, 1895), *We Took the Train*, ed. H. Roger Grant (DeKalb: Northern Illinois University Press, 1990), 57で引き合いに出されている。
23 Michael Hamilton, *Down Memory Line* (Leitrim, Ireland: Drumlin, 1997), 93.
24 Marc Frattasio, *Dining on the Shore Line Route: The History and Recipes of the New Haven Railroad Dining Car Department* (Lynchburg, VA: TLC, 2003), 4.
25 Barbara Haber, *From Hardtack to Home Fries: An Uncommon History of American Cooks and Meals* (New York: The Free Press, 2002) 87-102.
26 Stephen Fried, Appetite for America: *How Visionary Businessman Fred Harvey Built a Railroad Hospitality Empire That Civilized the Wild West* (New York: Bantam Books, 2010), 94.

第2章

1 Terence Mulligan, "The Delights of Pullman Dining USA 1866-1968" (Pullman Car Services Supplement Edition, April 2007), 5, www.semgonline.com (April 9, 2013 参照).
2 Henry James, *The American Scene* (New York: Harper & Brothers, 1907), 191.『ヘンリー・ジェイムズ』青木次生訳、大橋健三郎解説、研究社出版、1976年
3 Joseph Husband, The Story of the Pullman Car (Chicago: A.C. McClurg & Co., 1917), 49.
4 W.F. Rae, *Westward by Rail: The New Route to the East* (London: Longmans, Green, and Co., 1870), 28-30.
5 Rae, *Westward by Rail*, 30.
6 James Macaulay, *Across the Ferry: First Impressions of America* (London: Hodder and Stoughton, 1884), 137-38.
7 Macaulay, *Across the Ferry*, 142.
8 United States Patent Office, Patent No. 89,537, dated April 27, 1869, www.uspto.gov (April 10, 2013 参照).
9 John H. White Jr., *The American Railroad Passenger Car* (Baltimore: Johns Hopkins University Press, 1978), 316-17.
10 Lucy Kinsella, "Chicago Stories: Pullman Porters: From Servitude to Civil Rights," Window to the World Communications, www.wttw.com (April 10, 2013 参照).
11 "Spies on Pullman Cars," *The New York Times*, February 6, 1886, www.nytimes.com (April 10, 2013 参照).
12 Ellen Douglas Williamson, *When We Went First Class* (Garden City, NY: Doubleday, 1977), *We Took the Train*, ed. H. Roger Grant (DeKalb: Northern Illinois University Press, 1990), 113 内 .
13 Lucius Beebe and Charles Clegg, *The Trains We Rode* (Berkeley, CA: Howell" North Books, 1965-1966), 838.
14. Hill Harper, The Wealth Cure: Putting

註

序章

1 John-Peter Pham, *Heirs of the Fisherman: Behind the Scenes of Papal Death and Succession* (London: Oxford University Press, 2006), 20-21.

2 Jules Janin, *The American in Paris* (Paris: Longman, Brown, Green and Longmans, 1843), 167, www.books.google.com (April 25, 2013 参照).

第 1 章

1 Sir William Mitchell Acworth, *The Railways of England* (London: John Murray, 1889), 2-4.

2 Acworth, *Railways of England*, 45.

3. Charles Dickens, *The Uncommercial Traveller* (New York: President, n.d.), 48. 『逍遥の旅人』田辺洋子訳、溪水社、2013年

4 Anthony Trollope, *He Knew He Was Right* (London: Penguin Books, 1994), 316.

5 Chris de Winter Hebron, *Dining at Speed: A Celebration of 125 Years of Railway Catering* (Kettering: Silver Link, 2004), 16.

6 Acworth, *Railways of England*, 146.

7 David Burton, *The Raj at Table* (London: Faber and Faber, 1994), 45.

8 Thomas Cook, *Cook's Excursionist*, 28 August 1863. Oxford Dictionary of National Biography, 2013, www.oup.com/oxforddnb/info 内 (April 5, 2013 参照).

9 Michel Chevalier, *Society, Manners, and Politics in the United States* (New York: Cornell University Press, 1961), 11.

10 Charles MacKay, *Life and Liberty in America: Sketches of a Tour in the United States and Canada in 1857-1858* (London: Smith, Elder and Co., 1859), vi, www. books. google.com (April 5, 2013 参照).

11 Frederick Marryat, *A Diary in America, with Remarks on Its Institutions* (New York: Alfred A. Knopf, 1962), 366-68.

12 Marryat, *A Diary in America*, 369.

13 同上 , 27-28.

14 E. Catherine Bates, *A Year in the Great Republic* (London: Ward & Downey, 1887), August Mencken, *The Railroad Passenger Car: An Illustrated History of the First Hundred Years, with Accounts by Contemporary Passengers* (Baltimore: Johns Hopkins University Press, 1957), 186 で引用されている .

15 John Whetham Boddam-Whetham, *Western Wanderings: A Record of Travel in the Evening Land* (London: Spottiswoode and Co., 1874), 57-58.

16 Chevalier, *Society, Manners, and Politics in the United States*, 270.

17 Marryat, *A Diary in America*, 264.

18 University of Nevada, Las Vegas Digital Collections, http://digital.library.univ.edu (April 12, 2013 参照).

19 *Kansas City Star*, 1915, Lucius Beebe, "Purveyor to the West," *American Heritage Magazine*, Volume 18, Number 2 (February 1967), www.americanheritage.com で引用されている (May 6, 2013 参照).

20 Mencken, *The Railroad Passenger Car*,

trainchartering .com. November 13, 2013 参照 .
United States Patent Office. Patent No. 89,537, April 27, 1869. www.uspto.gov. April 10, 2013 参照 .
University of Nevada, Las Vegas. http://digital.library.univ.edu/objects/menus. January 29, 2013 参照 .
Virginia City Private Railcar History. http://www.vcrail.com/vchistory_railcars.htm. November 12, 2013 参照 .
Wechsberg, Joseph. "Last Man on the Orient Express." *The Saturday Review*, March 17, 1962, 53-55. http://www.unz.org/Pub/SaturdayRev-1962. November 13, 2013 参照 .
"Take the Orient Express," *The New Yorker*, April 22, 1950, 83-94. http://www.josephwechsberg.commtml/wechsberg-new_yorker-articles. November 13, 2013 参照 .
Western Pacific Railroad Dining Car Menu [19--] California State Railroad Museum Library. www.sacramentohistory.org. September 26, 2013 参照 .

menu. April 24, 2013 参照.

The New York Times. "Paderewski Chef Quits Pullman Job." January 3, 1928. www .nytimes.com. April 10, 2013 参照.

"Pullman Dining Cars: A Trial Trip on the English Midland Railway." From the *London News*, July 8. July 19, 1882. www.query.nytimes.com. May 21, 2013 参照.

"Spies on Pullman Cars." February 6, 1886. www.nytimes.com. April 10, 2013 参照.

Pelikan, Jaroslav. "Flying Is for the Birds." *The Cresset* 21, no. 10 (October 1958): 6-9. www.thecresset.org. November 12, 2013 参照.

Pullman State Historic Site. www.pullman-museum.org. March 26, 2013 参照.

Railroad Museum of Pennsylvania. www.rrmuseumpa.org. November 13, 2013 参照.

Railroad Museums Worldwide. www.railmuseums.com. November 13, 2013 参照.

Railway Age. February 16, 1924, 76—77. www.foodtimeline.org/restaurants.html #childmenus. August 15, 2013 参照.

Railway Gazette. December 9, 1887, 796. http://www.books.google.com. August 12, 2013 参照.

Railway Magazine. December 1897. "To Sunny Italy by the Rome Express: An Account of the First Journey by a Passenger." http://books.google.com. May 20, 1013 参照.

Sacramento History Online. "*Southern Pacific Bulletin*." www.sacramentohistory.org. September 17, 2013. 参照

Sekon, G.A., ed. *Railway Magazine* 7 (July-December, 1900): 520-521. http://books .google.com. August 9, 2013 参照.

Shaver, Katherine. "Private Rail Car Owners Enjoy Yacht on Tracks." *Washington Post*, September 1, 2011. http://www.washingtonpost.com. November 13, 2013 参照.

T.F.R. *Railway Magazine*. "The Pleasures of the Dining-Car," Vol. 7 (July-December, 1900): 520-521. http://books.google.com. May 21, 2013 参照.

Time. "Europe: Off Goes the Orient Express." October 31, 1960. www.time.com. May 21, 2013 参照.

"Foreign News: Orient Express." April 29, 1935. www.time.com. September 10, 2013. 参照

"New Hopes & Ancient Rancors." September 27, 1948. www.time.com. November 12, 2013 参照.

"Travel: Luxury Abroad." June 29, 1962. www.time.com. November 13, 2013 参照.

Train Chartering Rail Charters. Luxury and private train hire. www.

Denver." http://blogs.denverpost.com/ library/2013/06/12/union-pacifics-city-of-denver-streamliner-train/8643/. September 26, 2013 参照.

Dictionary of Victorian London. www.victorianlondon.org. May 21, 2013 参照.

Drehs, Wayne. "All Aboard! Gamecocks Tailgate in Style." www.espn.go.com. November 13, 2013 参照.

The East Lancashire Railway. www.eastlancsrailway.org.uk. November 13, 2013 参照.

Estes, Rufus. *Good Things to Eat, As Suggested by Rufus* (Chicago: The Author, c. 1911). Feeding America. http://digital.lib.mus.edu. August 6, 2013 参照.

Grace, Michael L. "The Twentieth Century Limited." http://www.newyorksocialdiary .com. September 10, 2013 参照.

Headlight. "Meal-A-Mat on Central Opens New Era," 24, no. 2 (October—November 1963). http://www.canadasouthern.com/caso/headlight/images/headlight-1063 .pdf. April 8, 2014. 参照

The Ice Cream Train. www.newportdinnertrain.com. Accessed November 13, 2013.

Janin, Jules. *The American in Paris* (Paris: Longman, Brown, Green, and Longmans, 1843). www.books.google.com. April 25, 2013 参照.

Kinsella, Lucy. "Chicago Stories: Pullman Porters: From Servitude to Civil Rights." Window to the World Communications. www.wttw.com. April 10, 2013 参照.

MacKay, Charles. *Life and Liberty on America: Sketches of a Tour in the United States and Canada in 1857-1958* (London: Smith, Elder and Co., 1859). www.books. google.com. April 5, 2013 参照.

Morris, Gay. "Dance: 'Le Train Bleu' Makes a Brief Stopover." *The New York Times*, March 4, 1990. http://www.nytimes.com/1990/03/04/arts. August 9, 2013 参照.

Mulligan, Terence. "The Delights of Pullman Dining USA, 1866—1968." Pullman Car Services Supplement Edition, April 2007. www.semgonline.com. April 9, 2013 参照.

Napa Valley Wine Train. www.winetrain.com. November 13, 2013 参照.

National Institute on Alcohol Abuse and Alcoholism. "3.2% Beer." http://alcohol policy.niaaa.nih.gov/3_2_beer_2.html. September 25, 2013 参照.

New Haven Railroad Historical and Technical Association. www.nhrhta.org. October 17, 2013 参照.

New York Public Library Menu Collection. http://menus.nypl.org/

& Unwin, 1979).
White, John H. Jr. *The American Railroad Passenger Car* (Baltimore: Johns Hopkins University Press, 1978).
Withey, Lynne. *Grand Tours and Cook's Tours: A History of Leisure Travel, 1750-1915* (New York: William Morrow and Company, 1997).
Wolmar, Christian. *Blood, Iron, and Gold* (New York: Public Affairs, 2010).『世界鉄道史：血と鉄と金の世界変革』安原和見、須川綾子訳、河出書房新社、2012 年
Zimmerman, Karl. *20th Century Limited* (St. Paul, MN: MBI Publishing Company, 2002).

定期刊行物

Nunda News, "Meal-A-Mat," Nunda, Livingston County, New York. Thursday, October, 1963.
Rawlins, Thomas. "Dining Cars: They're Going out of Style." *St. Petersburg Times*, October 27, 1963.
Recreation Magazine, Volume 10, 1899 (New York: G.O. Shields, 1899).
Ruffing, Ed. "Central Replaces Sterling with Nickel." *Utica Daily Press*, Saturday, September 21, 1963.
Wechsberg, Joseph. "The World of Wagon-Lits." *Gourmet*, June 1970.
"The Great Blue Train." *Gourmet*, March 1971.

ウェブサイト

Ad. 1966. Fernando Lamas Hawks Heublein Cocktails. www.ebay.com. December 10, 2013 参照 .
The American Magazine. Volume 85, 1918, 144. www.babel.hathatrust.org. April 14, 2013 参照 .
American Southwestern Railway Association, Inc. "Little Nugget." http://www .mcscom.com/asra/nugget.htm. September 26, 2013 参照 .
Beebe, Lucius. "Purveyor to the West." *American Heritage Magazine* 18, no. 2 (February 1967). http://www.americanheritage.com. May 6, 2013 参照 .
Bluebell Railway. www.bluebell-railway.com/golden-arrow. November 13, 2013 参照 .
Browne, Malcolm W. "The 20th Century Makes Final Run," *The New York Times*, December 3, 1967. www.nytimes.com archive. September 19, 2013 参照 .
Central Pacific Railroad Photographic History Museum. "Across the Continent. From the Missouri to the Pacific Ocean by Rail." *The New York Times*, June 28, 1869. www.cprr.org. April 10, 2013 参照 .
Cook, Thomas. *Cook's Excursionist*, August 28, 1863. In *Oxford Dictionary of National Biography*, 2013. www.oup.com/oxforddnb/info. April 5, 2013 参照 .
Denver Post. "Streamliner Train: City of

Knopf, 1962). Originally published in 1839.
McKenzie, William A. *Dining Car Line to the Pacific* (St. Paul: Minnesota Historical Society Press, 1990).
Mencken, August. *The Railroad Passenger Car* (Baltimore and London: Johns Hopkins University Press, 2000).
Moerlein, George. *A Trip Around the World* (Cincinnati: M&R Burgheim, 1886).
Monkswell, Robert Alfred Hardcastle Collier. *French Railways* (London: Smith, Elder & co., 1911).
Murray, John. *Murray's Handbook to London as It Is* (London: J. Murray, 1879).
Nichols, Beverley. *No Place Like Home* (London: Jonathan Cape Ltd., 1936).
Pennsylvania Railroad. *The Pennsylvania Railroad Dining Car Department, Instructions*. (Philadelphia: Pennsylvania Railroad, Dining Car Department, 1938).
Pham, John-Peter. *Heirs of the Fisherman: Behind the Scenes of Papal Death and Succession* (London: Oxford University Press, 2006).
Poling-Kempes, Lesley. *The Harvey Girls: Women Who Opened the West* (New York: Paragon House, 1989).
Porterfield, James D. *Dining by Rail: The History and Recipes of America's Golden Age of Railroad Cuisine* (New York: St. Martin's Press, 1993).
Rae, W.F. *Westward by Rail: The New Route to the East* (London: Longmans, Green, and Co., 1870).
Schivelbusch, Wolfgang. *The Railway Journey: The Industrialization of Time and Space in the 19th Century* (Berkeley: University of California Press, 1986). 『鉄道旅行の歴史：19 世紀における空間と時間の工業化』加藤二郎訳、法政大学出版局、2011 年
Shaw, Timothy. *The World of Escoffier* (New York: Vendome Press, 1995).
Sherwood, Shirley. *Venice Simplon Orient-Express: The Return of the World's Most Celebrated Train* (London: Weidenfeld & Nicolson, 1983).
Simmons, Jack. *The Victorian Railway* (London: Thames and Hudson, 1991).
Smith, Andrew. *American Tuna: The Rise and Fall of an Improbable Food* (Berkeley: University of California Press, 2012).
Smith, Andrew, ed. *The Oxford Encyclopedia of Food and Drink in America* (New York: Oxford University Press, 2004).
Société nationale des chemins de fer français. *Les Plats régionaux des buffets gastronomiques*. Introduction by Curnonsky (Paris: Chaix, 1951).
Thomas, Jerry. *How to Mix Drinks, or The Bon-Vivant's Companion* (New York: Dick & Fitzgerald, 1862).
Trollope, Anthony. *He Knew He Was Right* (London: Penguin Books, 1994).
Unwin, Philip. *Travelling by Train in the Edwardian Age* (London: George Allen

オッカの歴史』大山晶訳、原書房、2019年
Hollister, Will C. *Dinner in the Diner: Great Railroad Recipes of All Time* (Los Angeles: Trans-Anglo Books, 1967).
Hudson, T.S. *A Scamper Through America or, Fifteen Thousand Miles of Ocean and Continent in Sixty Days* (London: Griffith & Farran, 1882).
Husband, Joseph. *The Story of the Pullman Car* (Chicago: A.C. McClurg & Co., 1917). James, Henry. *The American Scene* (New York: Harper & Brothers, 1907).『ヘンリー・ジェイムズ』青木次生訳、大橋健三郎解説、研究社出版、1976年
Kaila-Bishop, Peter M., and John W. Wood. *The Golden Years of Trains: 1830-1920* (New York: Crescent Books, in association with Phoebus, 1977).
Katz, Solomon, ed. *Encyclopedia of Food and Culture* (New York: Charles Scribner's sons, 2003).
Kerr, Michael, ed. *Last Call for the Dining Car: The Telegraph Book of Great Railway Journeys* (London: Aurum, 2009).
King, Moses. *King's Handbook of New York City: An Outline History and Description of the American Metropolis* (Boston: Moses King, 1892).
Kornweibel, Theodore. *Railroads in the African American Experience: A Photographic Journey* (Baltimore: Johns Hopkins University Press, 2010).
Lang, Jenifer Harvey, ed. *Larousse Gastronomique* (New York: Crown Publishers, 1990).『ラルース料理百科事典』
Levenstein, Harvey, *Revolution at the Table: The Transformation of the American Diet* (New York: Oxford University Press, 1988).
Paradox of Plenty: A Social History of Eating in Modern America (New York: Oxford University Press, 1993).
Leyendecker, Liston Edgington. *Palace Car Prince: A Biography of George Mortimer Pullman* (Niwot: University Press of Colorado, 1992).
Lovegrove, Keith. *Railroad: Identity, Design and Culture* (New York: Rizzoli, 2005).
Loveland, Jim. *Dinner Is Served: Fine Dining Aboard the Southern Pacific* (San Marino, CA: Golden West Books, 1996).
Macaulay, James. *Across the Ferry: First Impressions of America and Its People* (London: Hodder and Stoughton, 1884).
Marshall, James. *Santa Fe: The Railroad That Built an Empire* (New York: Random House, 1945).
Martin, Albro. *Railroads Triumphant: The Growth, Rejection, and Rebirth of a Vital American Force* (New York: Oxford University Press, 1992).
Marryat, Frederick. *A Diary in America, with Remarks on Its Institutions*. Edited with notes and an introduction by Sydney Jackman (New York: Alfred A.

Comedy in Three Acts (New York: Doubleday, 1955).
Denby, Elaine. *Grand Hotels* (London: Reaktion Books, 1998).
Dickens, Charles. *The Uncommercial Traveller* (New York: President Publishing Company, n.d.).『逍遥の旅人』田辺洋子訳、溪水社、2013年
Drabble, Dennis. *The Great American Railroad War* (New York: St. Martin's Press, 2012).
Edmunds, Lowell. *Martini, Straight Up: The Classic American Cocktail* (Baltimore: Johns Hopkins University Press, 1998).
Fleming, Ian. *From Russia with Love* (New York: MJF Books, 1993).『007: ロシアから愛をこめて』井上一夫訳、東京創元社、2008年
Foster, George. *The Harvey House Cookbook: Memories of Dining along the Santa Fe Railroad* (Atlanta: Longstreet Press, 1992).
Frattasio, Marc. *Dining on the Shore Line Route: The History and Recipes of the New Haven Railroad Dining Car Department* (Lynchburg, VA: TLC Publishing, 2003).
Fried, Stephen. *Appetite for America: How Visionary Businessman Fred Harvey Built a Railroad Hospitality Empire That Civilized the Wild West* (New York: Bantam Books, 2010).
Goodman, Matthew. *Eighty Days: Nellie Bly and Elizabeth Bisland's History-Making Race Around the World* (New York: Ballantine Books, 2013).『ヴェルヌの八十日間世界一周に挑む：4万5千キロを競ったふたりの女性記者』金原瑞人、井上里訳、柏書房、2013年
Grant, H. Roger. *We Took the Train* (DeKalb: Northern Illinois University Press, 1990).
Railroads and the American People (Bloomington: Indiana University Press, 2012).
Greco, Thomas. *Dining on the B&O: Recipes and Sidelights from a Bygone Age.* (Baltimore: Johns Hopkins University Press, 2009).
Greene, Graham. *Stamboul Train* (New York: Penguin Books, 1932).『スタンブール特急』北村太郎訳、早川書房、1980年
Haber, Barbara. *From Hardtack to Home Fries: An Uncommon History of American Cooks and Meals* (New York: Free Press, 2002).
Hamilton, Michael. *Down Memory Line* (Leitrim, Ireland: Drumlin, 1997).
Harper, Hill. *The Wealth Cure: Putting Money in Its Place* (New York: Penguin Group, 2012).
Hebron, Chris de Winter. *Dining at Speed: A Celebration of 125 Years of Railway Catering* (Kettering: Silver Link, 2004).
Herlihy, Patricia. *Vodka: A Global History* (London: Reaktion Books, 2012).『ウ

参考文献

書籍

Acworth, W.M. The Railways of England (London: John Murray, 1889).

Allen, Geoffrey Freeman. Railways of the Twentieth Century (New York: W.W. Norton, 1983).

Barsley, Michael. *The Orient Express: The Story of the World's Most Fabulous Train* (New York: Stein and Day, 1967).

Beebe, Lucius. *Mansions on Rails: The Folklore of the Private Railway Car* (Berkeley, CA: Howell-North, 1959).

20th Century: The Greatest Train in the World (Berkeley, CA: Howell-North, 1962).

Beebe, Lucius Morris. *High Iron: A Book of Trains* (New York: D. Appleton-Century co., 1938).

Mr. Pullman's Elegant Palace Car (New York: Doubleday, 1961).

Beebe, Lucius Morris, and Charles Clegg. *Hear the Train Blow: A Pictorial Epic of America in the Railroad Age* (New York: Dutton, 1952).

The Age of Steam: A Classic Album of American Railroading (New York: Rinehart, 1957).

The Trains We Rode (Berkeley, CA: Howell-North Books, 1965-1966).

Behrend, George. *Luxury Trains from the Orient Express to the TGV* (New York: Vendome Press, 1982).

Boddam-Whetham, & John Whetham. *Western Wanderings: A Record of Travel in the Evening Land* (London: Spottiswoode and Co., 1874).

Burton, Anthony. *The Orient Express: The History of the Orient Express Service from 1883 to 1950* (Edison, NJ: Chartwell Books, 2001).

Burton, David. *The Raj at Table* (London: Faber and Faber, 1994).

Carlin, Joseph M. *Cocktails: A Global History* (London: Reaktion Books, 2012).『カクテルの歴史』甲斐理恵子訳、原書房、2017 年

Chevalier, Michel. *Society, Manners, and Politics in the United States*. Edited and with an Introduction by John William Ward (Ithaca, NY: Cornell University Press, 1961). Originally published in 1840.

Christie, Agatha. *Murder on the Orient Express* (Toronto: Bantam Books, 1983).『オリエント急行の殺人』

Clark, Francis E. *The Great Siberian Railway: What I Saw on My Journey* (London: S.W. Partridge and Co., 1904).

Colquhoun, Kate. *Murder in the First-Class Carriage* (New York: Overlook Press, 2011).

Cookridge, E.H. *Orient Express: The Life and Times of the World's Most Famous Train* (New York: Random House, 1978).

Coward, Noel. *Quadrille: A Romantic*

【著者】
ジェリ・クィンジオ（Jeri Quinzio）
食の歴史を専門とするフリーランスのフードライター。著書に『プディングの歴史』（元村まゆ訳／原書房）、『図説デザートの歴史』（富原まさ江訳／原書房）、2010年度国際料理専門家協会（IACP）の料理史賞を受賞した『*Of Sugar and Snow.. A History of Ice Cream Making*（砂糖と雪：アイスクリームの歴史）』（未訳）などがある。

【翻訳】
大槻敦子（おおつき・あつこ）
慶應義塾大学卒。訳書に『ミラーリングの心理学：人は模倣して進化する』『人が自分をだます理由：自己欺瞞の進化心理学』『歴史を変えた自然災害：ポンペイから東日本大震災まで』『骨が語る人類史』『世界伝説歴史地図』『ネイビー・シールズ最強の狙撃手』（以上原書房）などがある。

鉄道《てつどう》の食事《しょくじ》の歴史《れきし》物語《ものがたり》
蒸気機関車《じょうききかんしゃ》、オリエント急行《きゅうこう》から新幹線《しんかんせん》まで

2021年12月28日　第1刷

著者…………ジェリ・クィンジオ

訳者…………大槻敦子《おおつきあつこ》

装幀…………永井亜矢子（陽々舎）
発行者…………成瀬雅人
発行所…………株式会社原書房

〒160-0022 東京都新宿区新宿1-25-13
電話・代表 03（3354）0685
http://www.harashobo.co.jp
振替・00150-6-151594

印刷…………新灯印刷株式会社
製本…………東京美術紙工協業組合

ISBN978-4-562-05980-5, Printed in Japan